NOUVELLE COLLECTION TAVERNIER

cahier d'activités

BIOLOGIE

CYCLE DES APPRENTISSAGES FONDAMENTAUX

CE1

Cet ouvrage est le résultat du travail d'une équipe d'enseignants : instituteurs, professeurs d'I.U.F.M., C.P.A.I.E.N., I.E.N.

La mise en forme a été assurée par :
R. Tavernier
J. Lamarque

Réalisation : Alinéa
Conception de la maquette : Bruno Loste
Illustrations : Catherine Claveau

BORDAS

Les arbres ont tous des feuilles

1 Deux grandes familles

Les feuillus

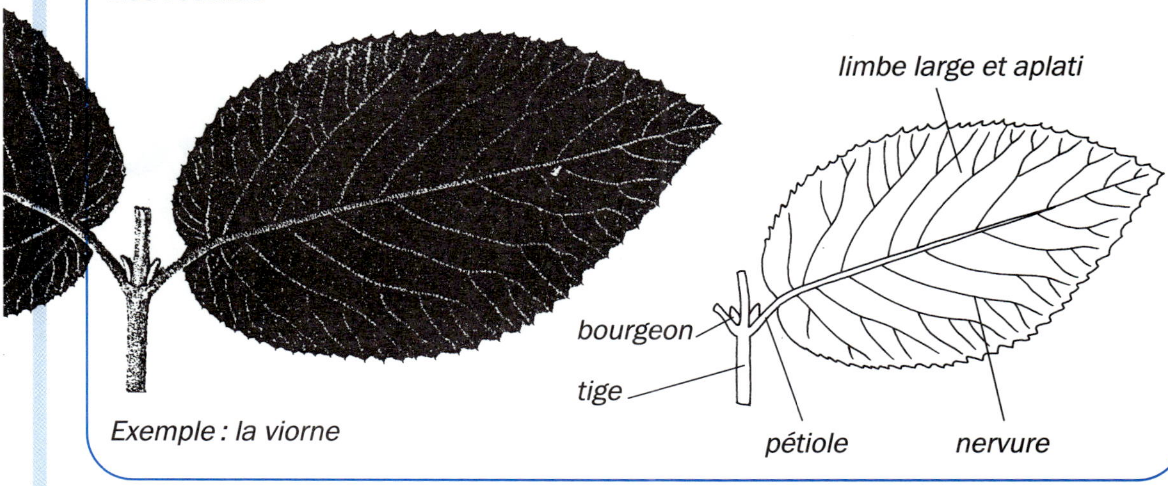

Exemple : la viorne

Les conifères ou résineux

A. ***Conifères à aiguilles***

Exemple : l'épicéa

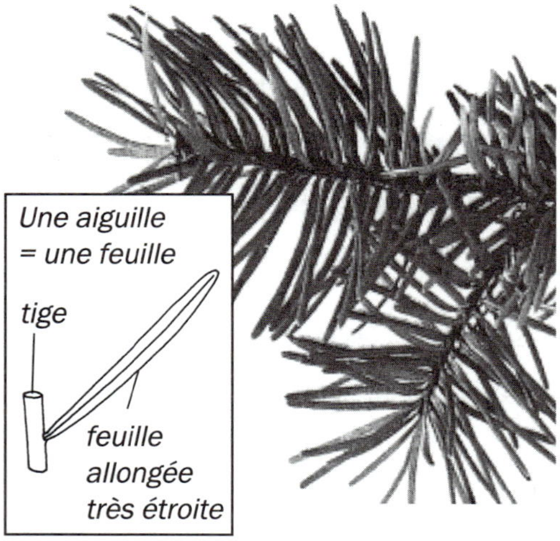

B. ***Conifères à petites écailles***

Exemple : le thuya

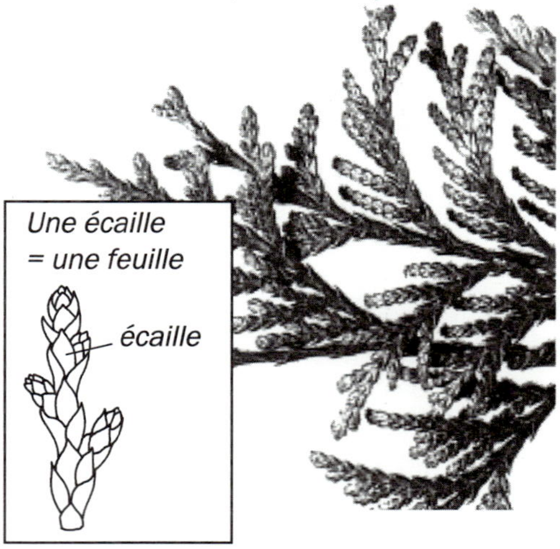

- Cueille dans la cour de l'école une feuille de feuillu et une feuille de conifère. Dessine ces deux feuilles.

2 Est-ce un feuillu ou un conifère ?

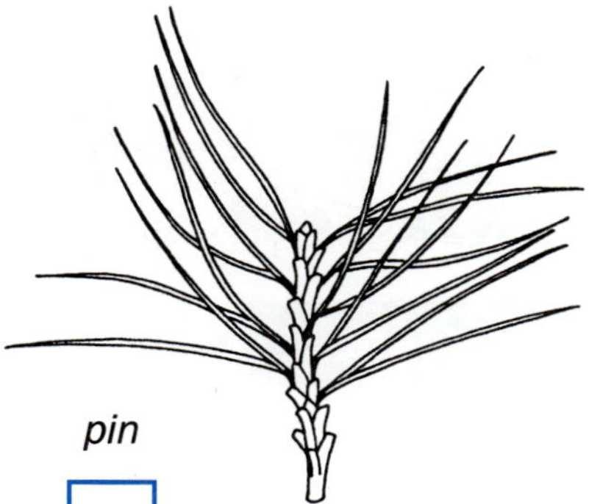

pin

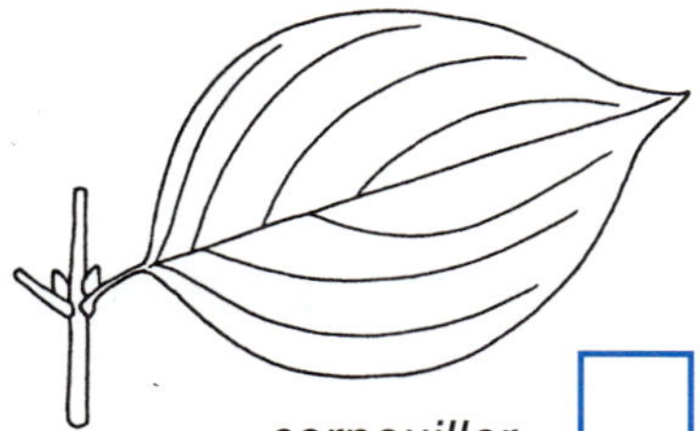

cornouiller

saule

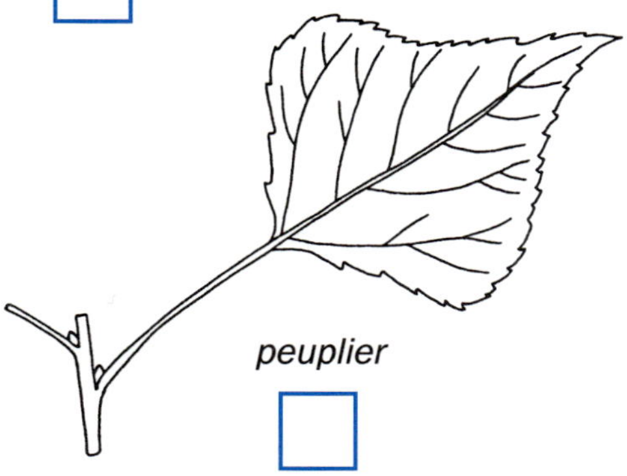

peuplier

épicéa

sapin

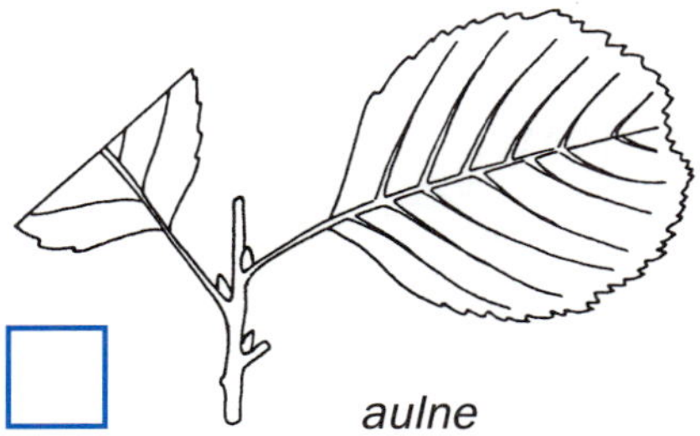

aulne

séquoia

- Indique, sous chaque image, s'il s'agit d'un feuillu F ou d'un conifère C.

J'ai découvert

Les feuilles des feuillus ont un limbe large et développé. Les feuilles des conifères sont des aiguilles (feuilles allongées très étroites) ou de petites écailles.

Mots importants

- *feuille*
- *limbe*
- *nervure*
- *feuillu*
- *conifère*

Feuille simple ou feuille composée ?

1 Regarde bien la position des bourgeons !

Feuillus à feuilles simples

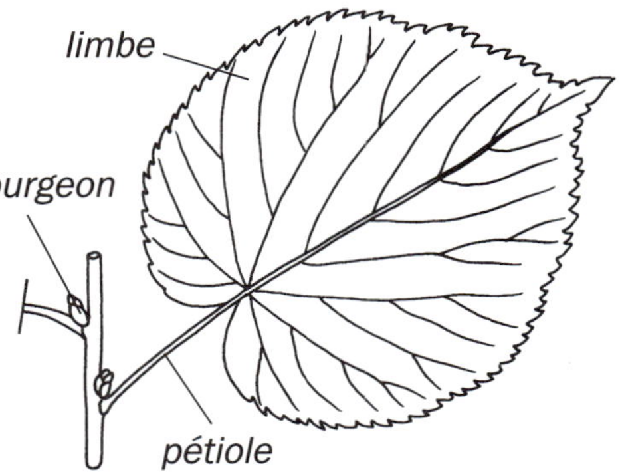

Exemple : tilleul

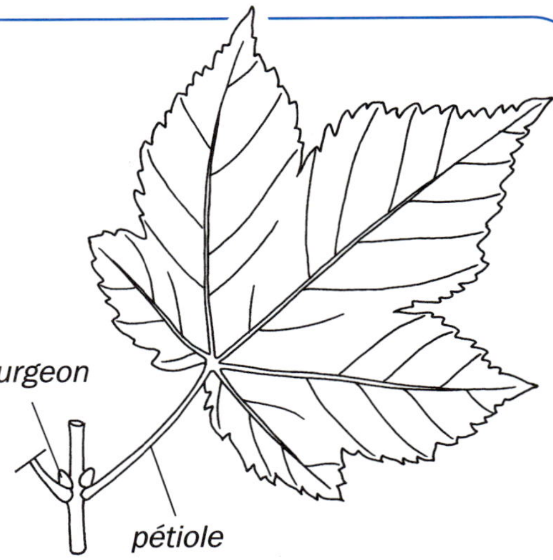

Feuillus à feuilles composées

limbe formé de plusieurs folioles

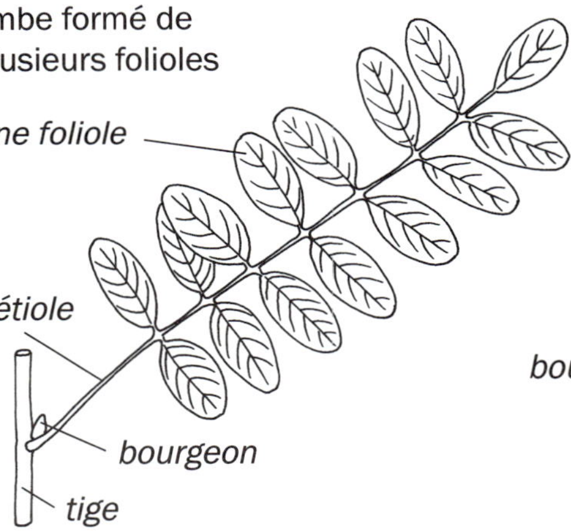

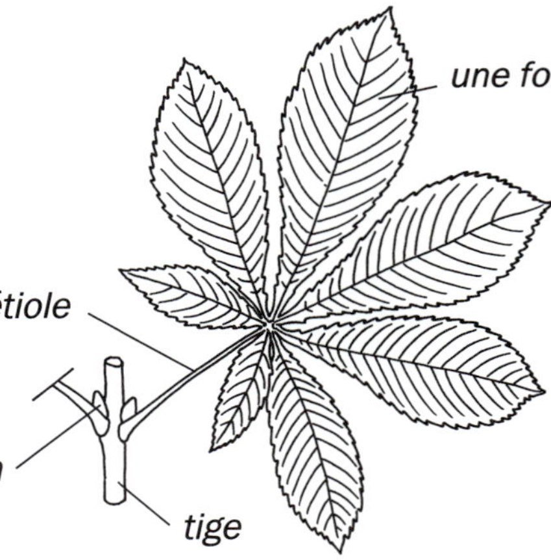

limbe formé de plusieurs folioles

- **Vrai ou faux ?**

– Une feuille composée a son limbe découpé en plusieurs morceaux (appelés folioles) .... ☐

– Une feuille simple n'est jamais dentée .... ☐

2 Est-ce une feuille composée ?

a

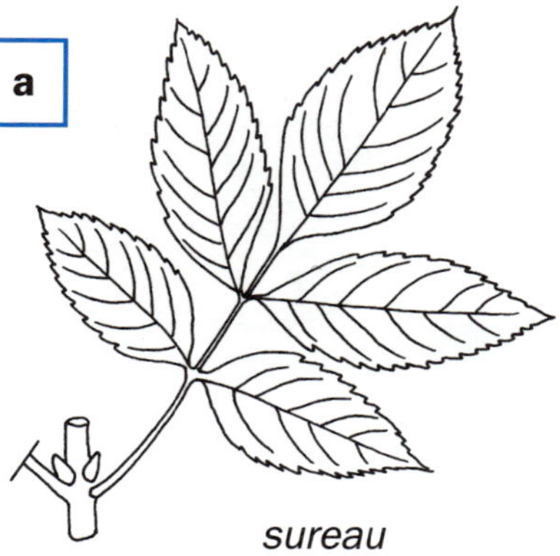

sureau

b

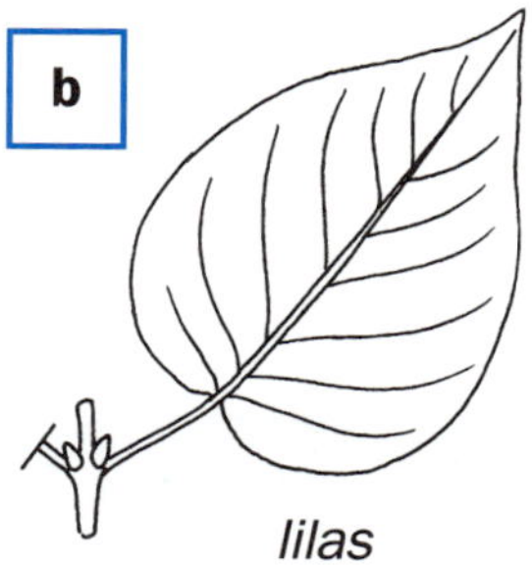

lilas

c

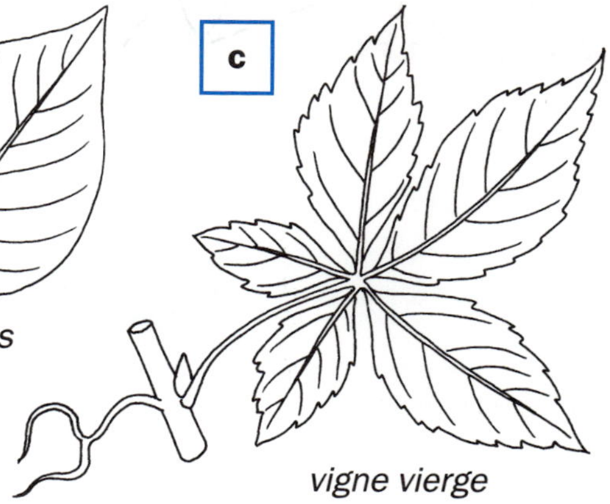

vigne vierge

d

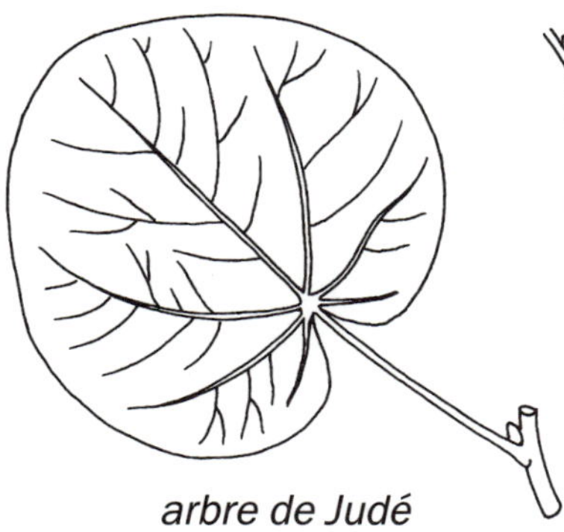

arbre de Judé

e

laurier

f

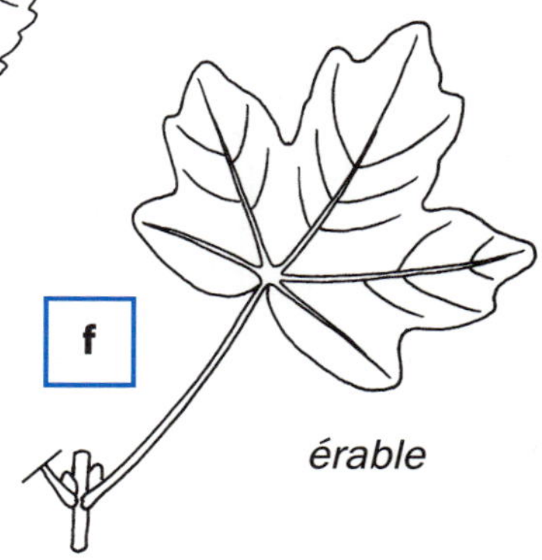

érable

g

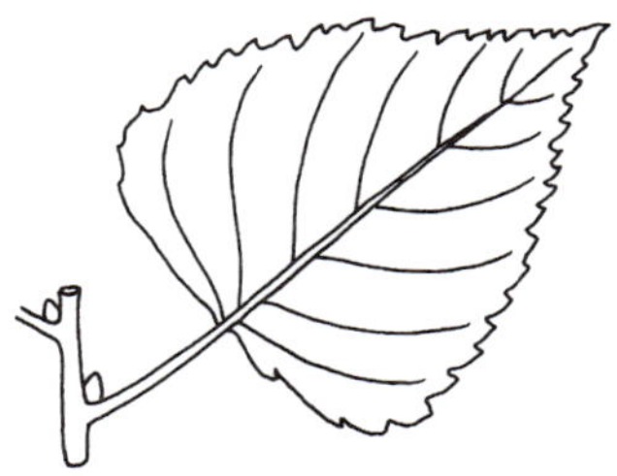

bouleau

h

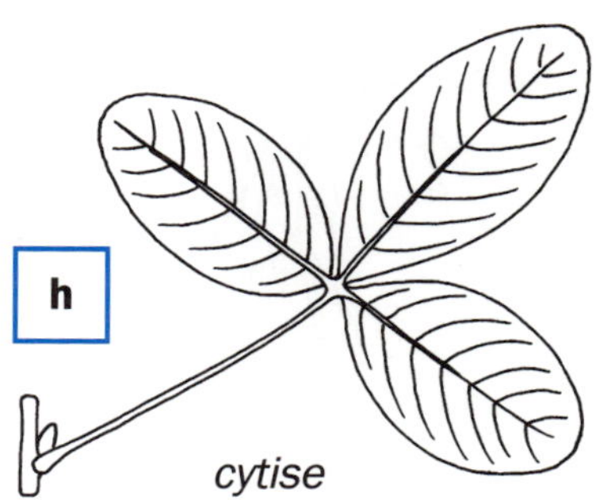

cytise

feuilles simples	
feuilles composées	

J'ai découvert

Les feuilles des feuillus peuvent être simples ou composées. Pour les distinguer, il faut repérer la position des bourgeons. Les feuilles composées ont un limbe formé de plusieurs folioles.

Mots importants

- *feuille simple*
- *feuille composée*
- *folioles*
- *bourgeon*

Tous les arbres se reproduisent

1 La naissance des arbres

- Relie les étiquettes deux à deux.
- Écris les mots des étiquettes sur les dessins.
- Colorie les jeunes arbres :
  - les feuilles et les tiges en vert ;
  - les racines en marron.

gland	marronnier
marron	châtaignier
châtaigne	chêne

2 Les arbres adultes produisent tous des graines

Les fruits et les graines des feuillus

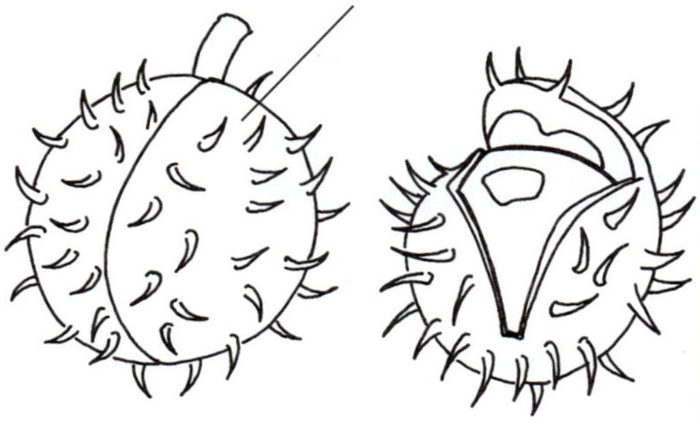

marronnier

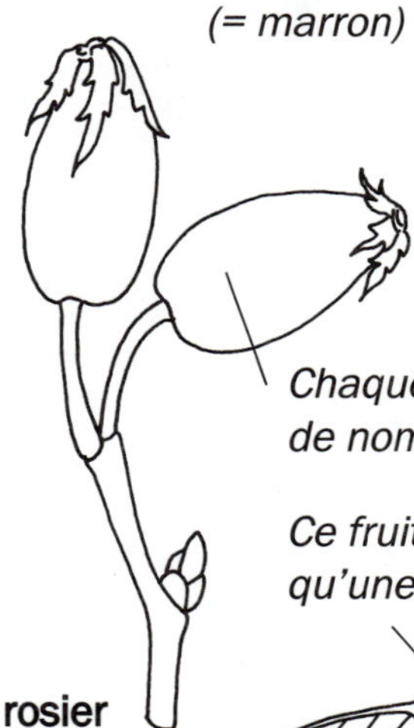

rosier

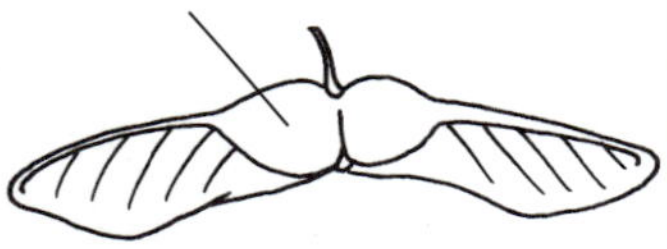

érable

Les fruits et les graines des conifères

Les conifères ont un fruit caractéristique : un cône formé d'écailles. Le mot conifère signifie porteur de cônes.

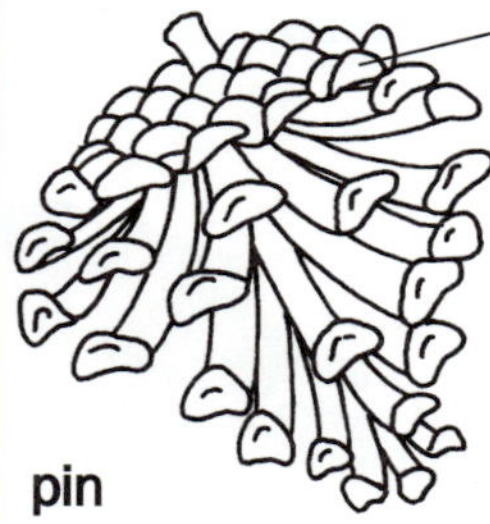

pin

cyprès

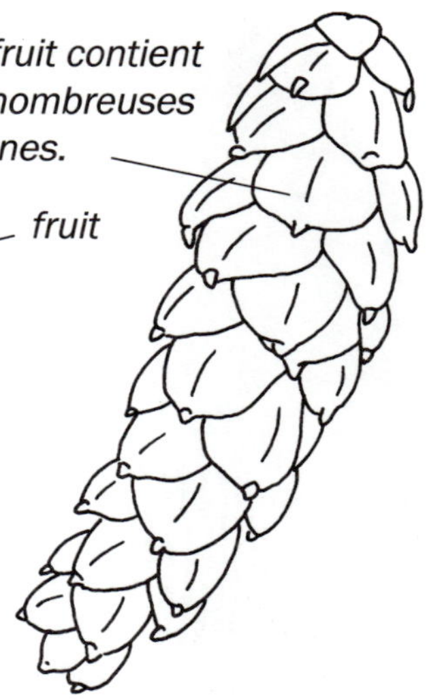

pin de Weymouth

- Colorie les fruits en jaune et les graines en marron.
- Qu'appelle-t-on, dans le langage courant, une pomme de pin ?

J'ai découvert

Tous les arbres produisent des graines.
En germant, celles-ci donnent naissance à de jeunes arbres qui grandissent et se reproduisent à leur tour.
Les conifères ont un fruit caractéristique appelé cône.

Mots importants

- *graine*
- *germination*
- *cône = fruit*

Les arbres grossissent et grandissent

1 Chaque année, les arbres grossissent

- Quel âge avait approximativement cet arbre lorsqu'on l'a coupé ? ....

- Sur la photographie, colorie l'anneau de bois produit par l'arbre au cours de sa dixième année de vie et l'anneau de bois produit au cours de sa dernière année de vie.

2 Chaque année, les arbres grandissent

- Sur le dessin de gauche, colorie les bourgeons en marron.
- Sur le dessin de droite, colorie ce qui est sorti des bourgeons en vert.

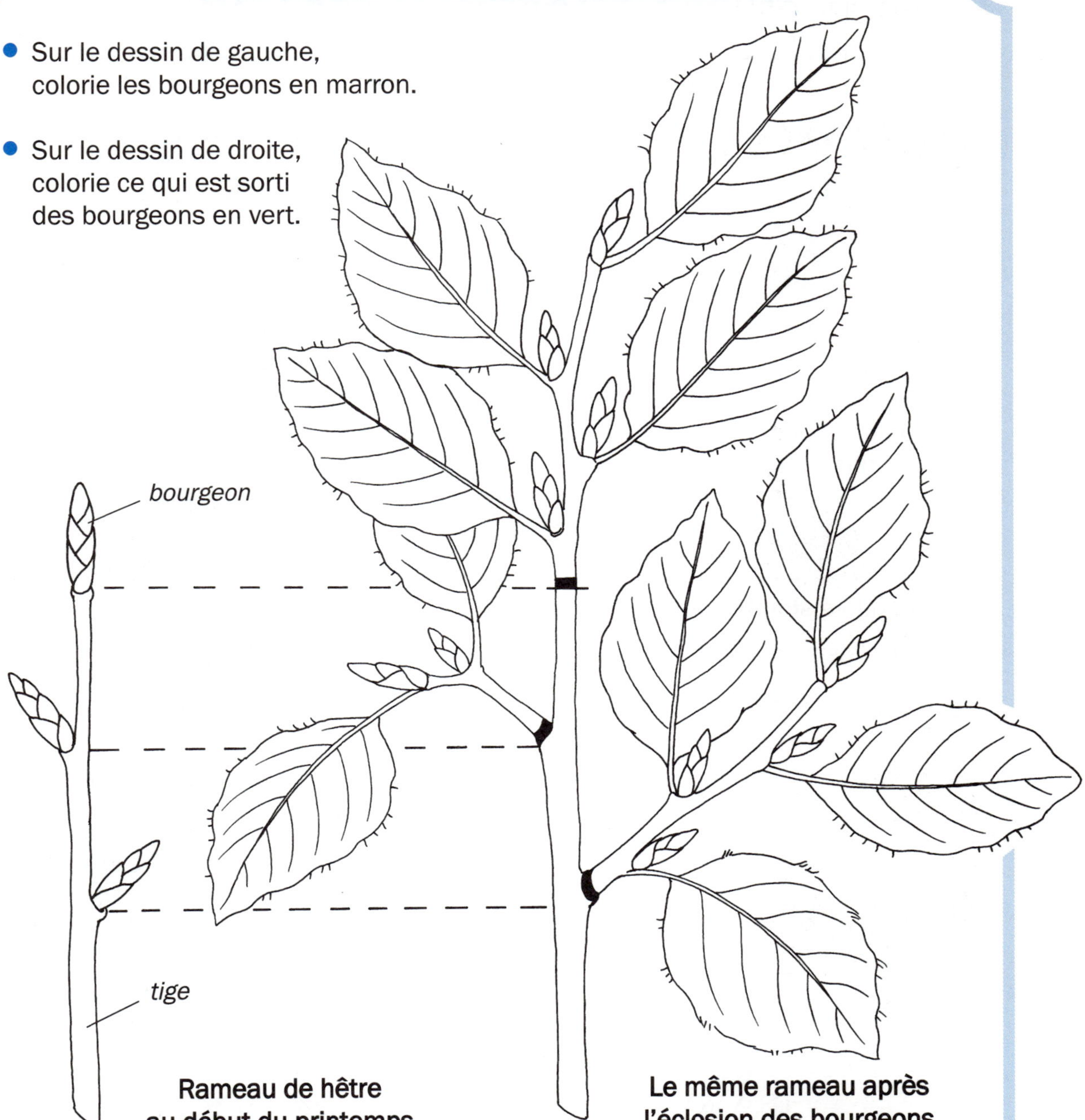

Rameau de hêtre au début du printemps

Le même rameau après l'éclosion des bourgeons

J'ai découvert

Chaque année le tronc et les branches des arbres grossissent : un nouvel anneau de bois se forme sous l'écorce. Chaque année, au printemps, les bourgeons s'ouvrent et donnent naissance à de nouvelles tiges qui portent des feuilles.

Mots importants

- *bois*
- *bourgeon*
- *tige*
- *croissance*

tu dois pouvoir répondre... tu dois pouvoir répondre.

1

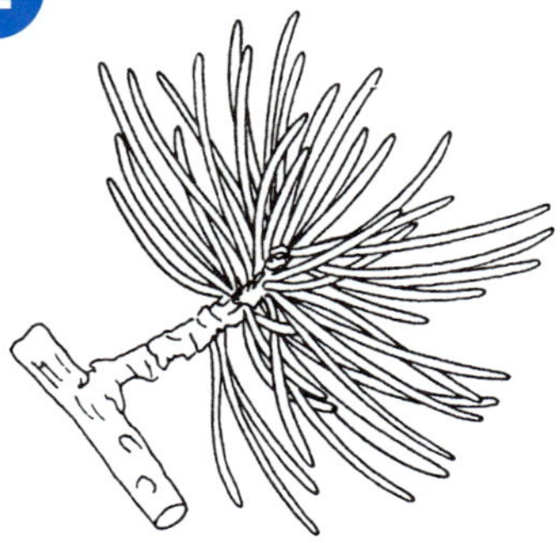

- Est-ce un feuillu ou un conifère ? Justifie ta réponse.

2

- Cécile croit avoir dessiné cinq feuilles. Floriane lui dit que non. Qui a raison ?

3

Feuilles simples ou feuilles composées ?

- Feuilles simples : ....
- Feuilles composées : ....

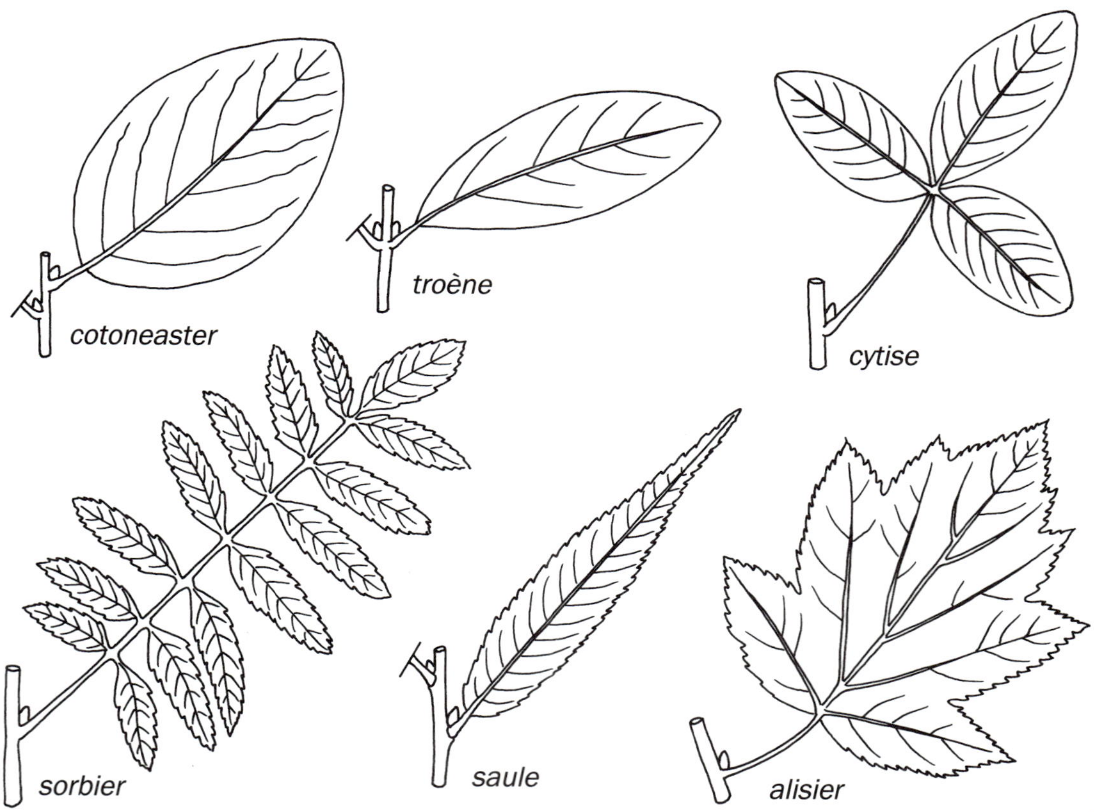

tu dois pouvoir répondre... tu dois pouvoir répondre...

4 À chaque arbre son fruit

chêne	châtaigne	groseille	*cerisier*
noisetier	noix	cerise	*groseillier*
châtaignier	gland	prune	*oranger*
pommier	poire	amande	*prunier*
noyer	pomme	orange	*amandier*
pin	noisette		
poirier	pomme de pin		

- Relie les étiquettes deux à deux.

5 L'éclosion d'un bourgeon de lilas

- Colorie
  - en marron, les écailles du bourgeon
  - en vert, tout ce qui est sorti du bourgeon.
- Écris au bon endroit les mots : feuille, tige, écaille.

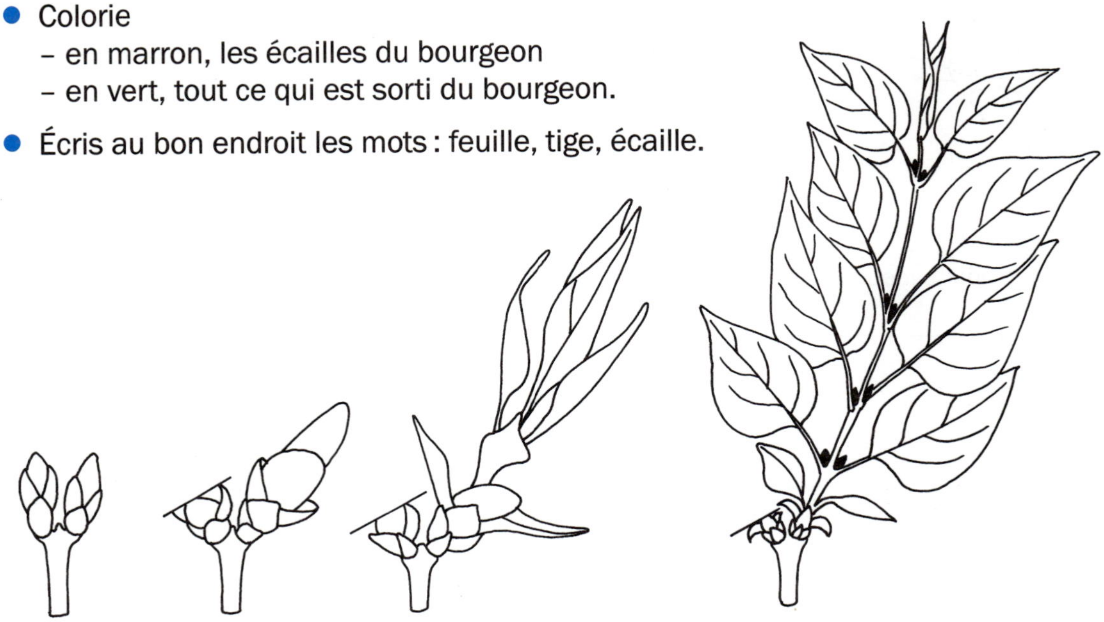

Pourquoi parle-t-on de cycle de vie ?

1 De l'œuf à l'œuf

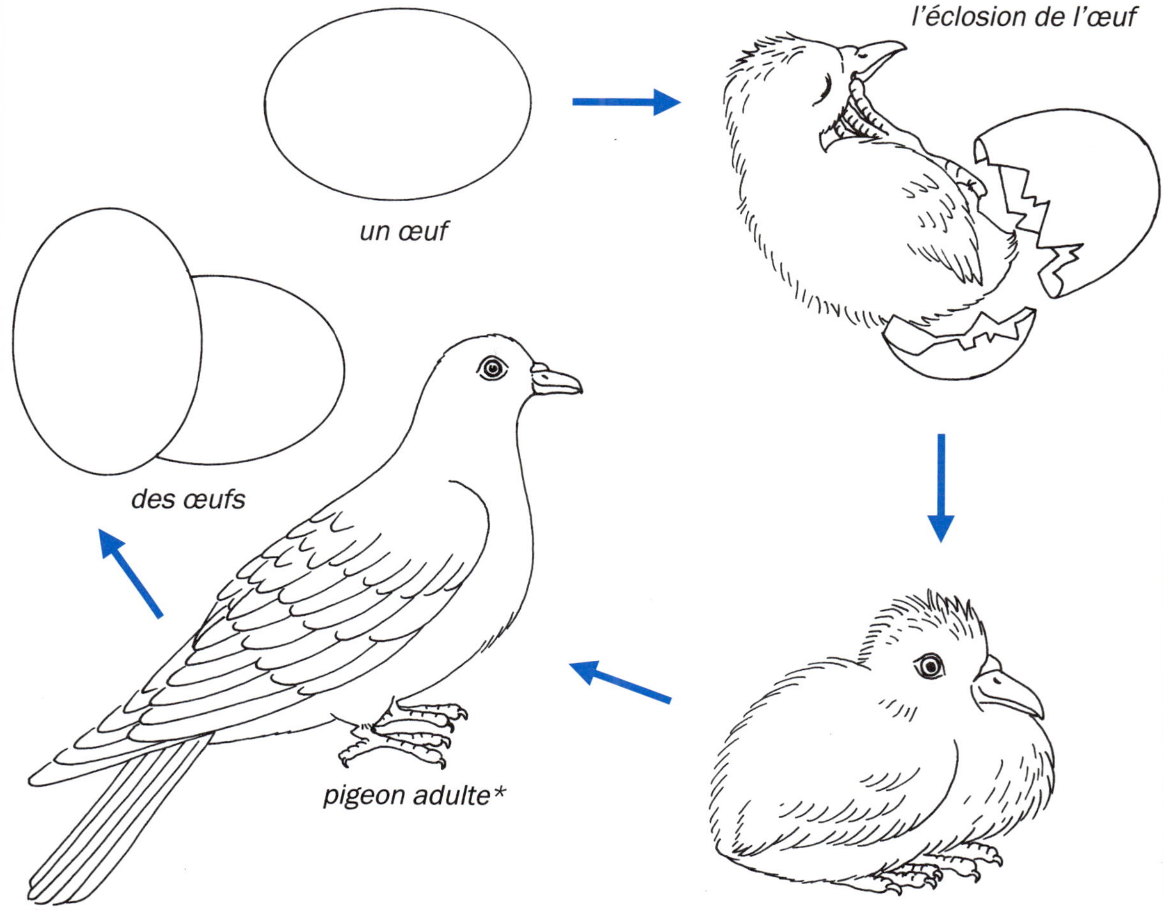

* Le pigeon adulte meurt après quelques années de vie.

un œuf | jeune pigeon | pigeon adulte

des œufs

- Relie les étiquettes par des flèches, puis raconte l'histoire.
- Pourquoi dit-on que le pigeon est ovipare ? ....

2 Petite souris deviendra grande

souriceau à la naissance

jeune souris âgée de 5 jours

souris âgée de 15 jours

animal adulte

Sur le carnet de santé de la souris

- *La jeune souris atteint la taille adulte à l'âge de 3 mois. À partir de ce moment, elle est capable de se reproduire.*
- *Durée de vie : 4 ans environ.*
- *Nombre de petits à chaque accouchement : 7 en moyenne.*
- *Nombre de grossesses par an : 5.*
- *Durée de la grossesse : 21 jours.*

- Fais les flèches entre les dessins pour présenter le cycle de vie.
- Pourquoi dit-on que la souris est vivipare ? ....

....

- Combien une souris femelle peut-elle avoir de petits chaque année ? ....

....

J'ai découvert

Après sa naissance, un jeune animal grandit et grossit. Devenu adulte, il se reproduit à son tour, c'est-à-dire donne naissance à des animaux de la même espèce. L'animal adulte vieillit et meurt.

Mots importants

- *cycle de vie*
- *ovipare*
- *vivipare*
- *croissance*

Quel est le rôle du mâle dans la reproduction ?

1

L'histoire d'une jeune truite

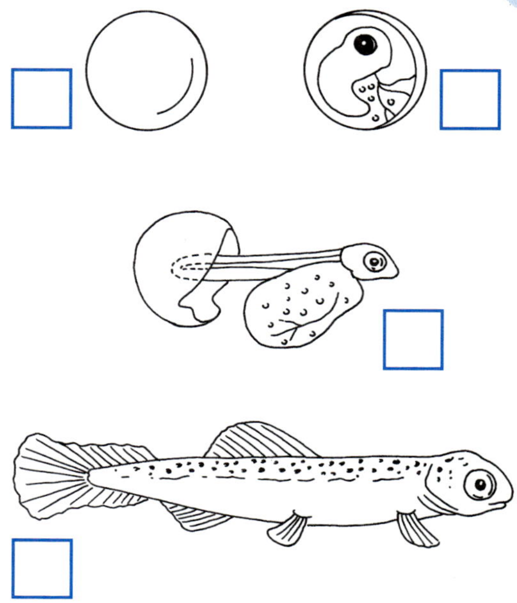

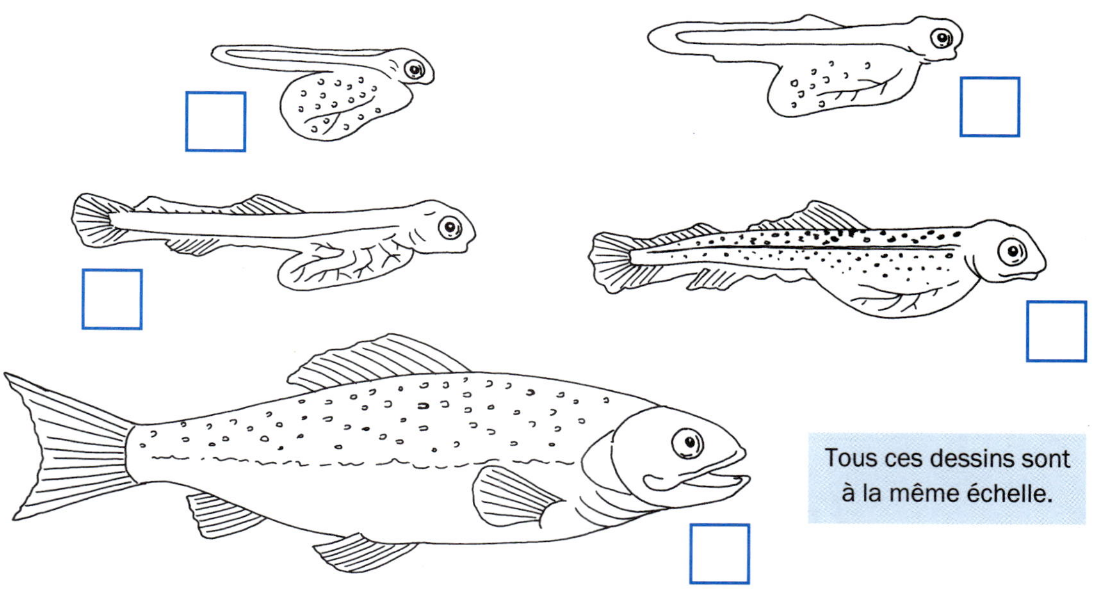

Tous ces dessins sont à la même échelle.

- Numérote ces dessins dans l'ordre pour raconter l'histoire.
- Écris sous les dessins qui conviennent les mots : œuf, éclosion de l'œuf, alevin, jeune truite, truite adulte.

2 Un événement obligatoire : la fécondation

1. Au moment de la reproduction, le corps d'une truite femelle contient des millions de petits « œufs » appelés ovules.
À la même époque, il y a dans le ventre d'une truite mâle des millions de spermatozoïdes microscopiques.

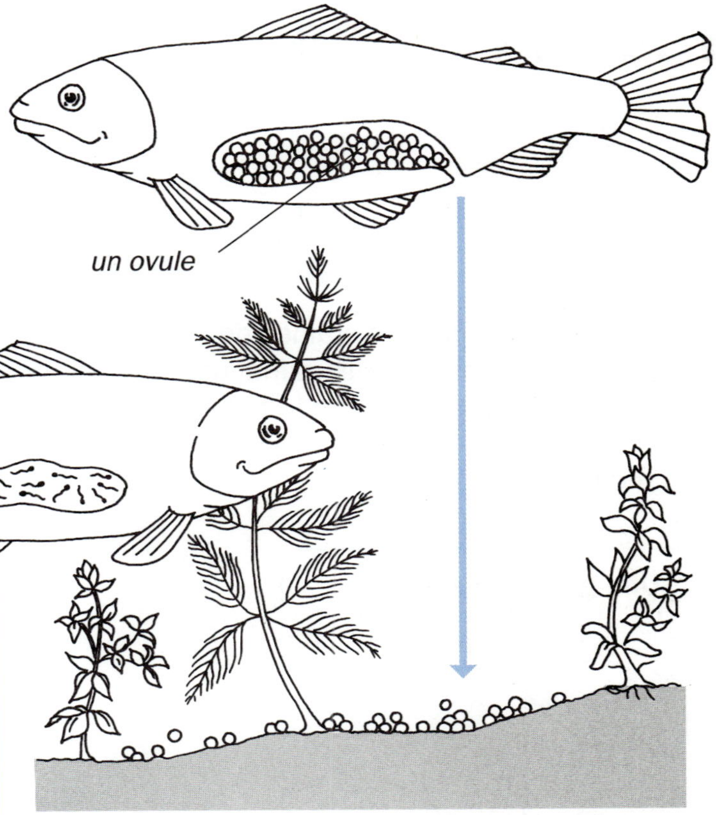

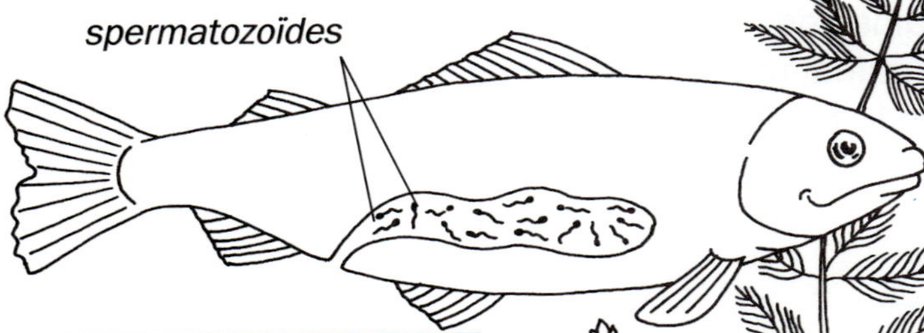

La fécondation

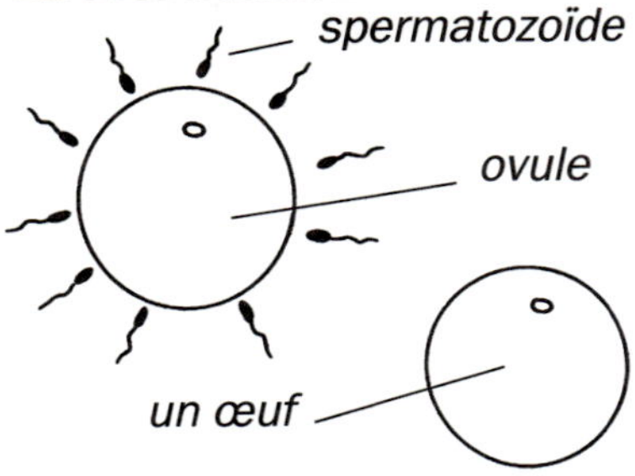

1 ovule + 1 spermatozoïde = 1 œuf

2. La truite femelle pond ses ovules sur le gravier de la rivière. Une truite mâle repère ces ovules et les arrose de ses spermatozoïdes.
Un événement capital se produit alors : la fécondation.

- **Vrai ou faux :**

– Un ovule de truite fécondé peut donner un petit poisson. .... ☐

– La fécondation est l'union d'un ovule et d'un spermatozoïde. .... ☐

– La reproduction sexuée n'existe que chez les poissons. .... ☐

J'ai découvert

Les animaux femelles produisent des ovules. Les animaux mâles produisent des spermatozoïdes. L'union d'un ovule et d'un spermatozoïde (appelée fécondation) est un événement obligatoire dans la reproduction.

Mots importants

- *œuf*
- *alevin*
- *fécondation*
- *ovule*
- *spermatozoïde*

Des semis dans la classe

1 Une observation continue

Émilie a fait germer des graines de fève et a dessiné les principaux stades de la germination. Pour faire chacun de ces dessins, elle a retiré le tégument de la graine et l'un des deux cotylédons. Ceci permet de mieux voir grandir la plantule.

Une graine de fève

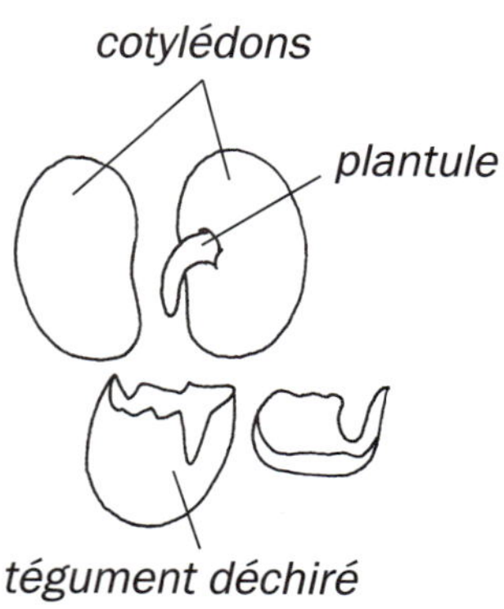

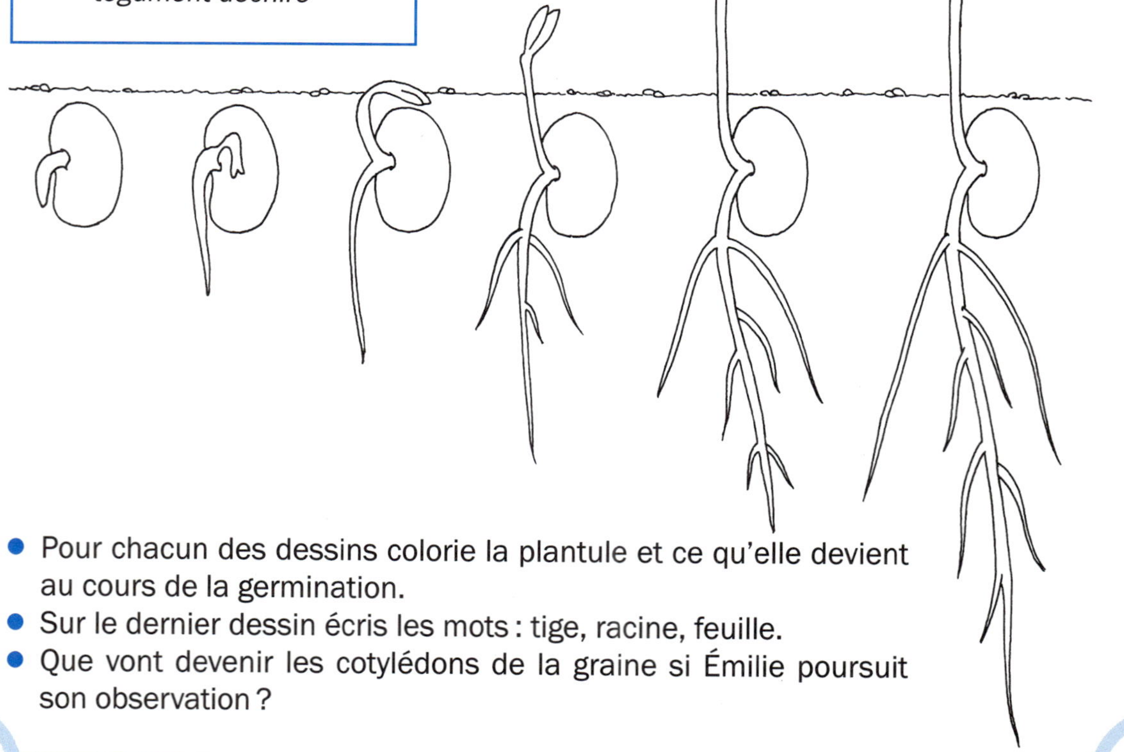

- Pour chacun des dessins colorie la plantule et ce qu'elle devient au cours de la germination.
- Sur le dernier dessin écris les mots : tige, racine, feuille.
- Que vont devenir les cotylédons de la graine si Émilie poursuit son observation ?

2 Y a-t-il une plantule dans toutes les graines ?

... dans une graine de haricot ?

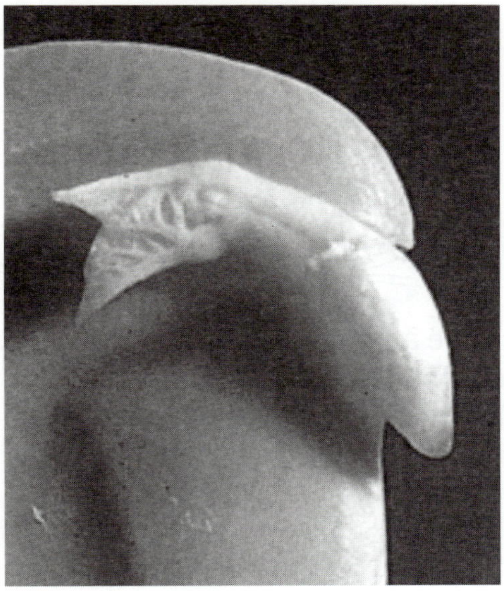

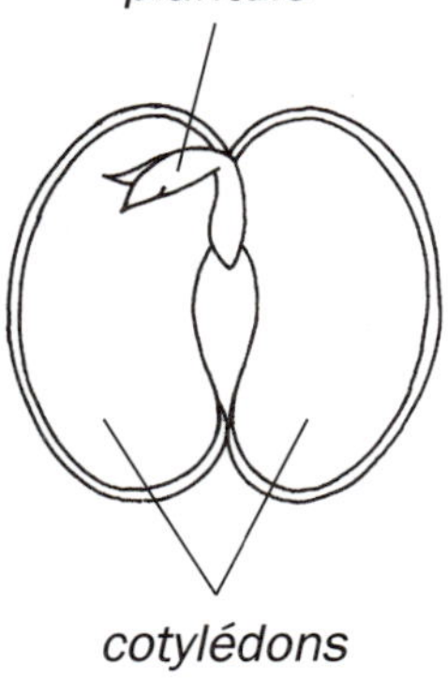

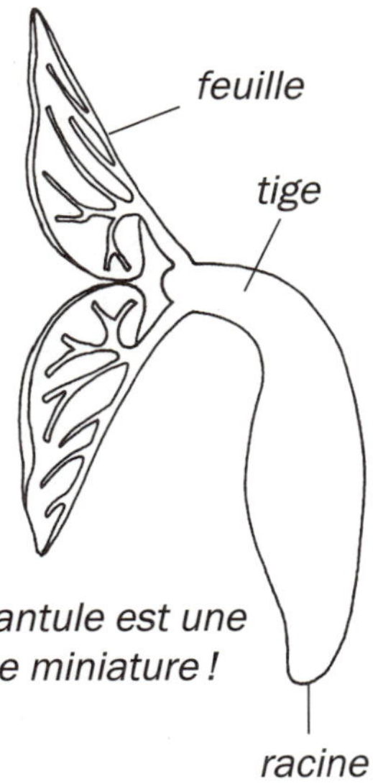

La plantule est une plante miniature !

... et dans les autres graines ?

graine de pois

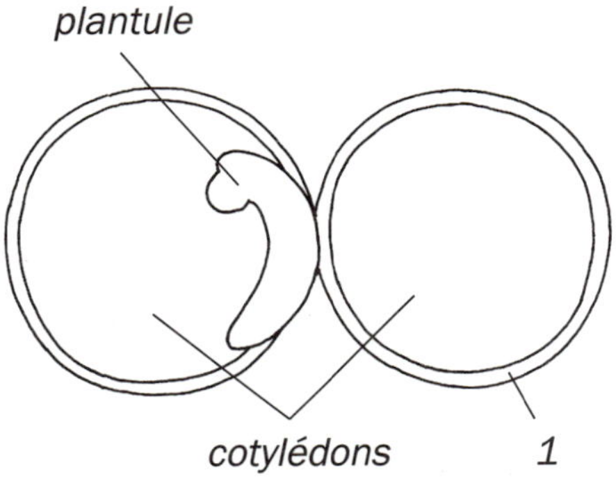

(1) « peau » de la graine
(appelée tégument par les scientifiques).

**graine de pommier
= pépin de pomme**

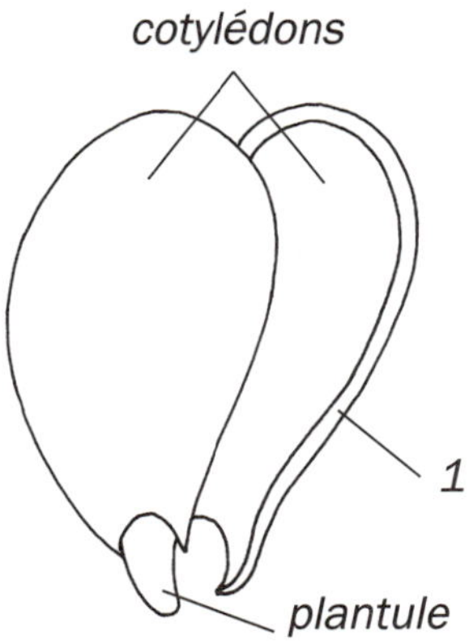

**graine de noyer
(noix)**

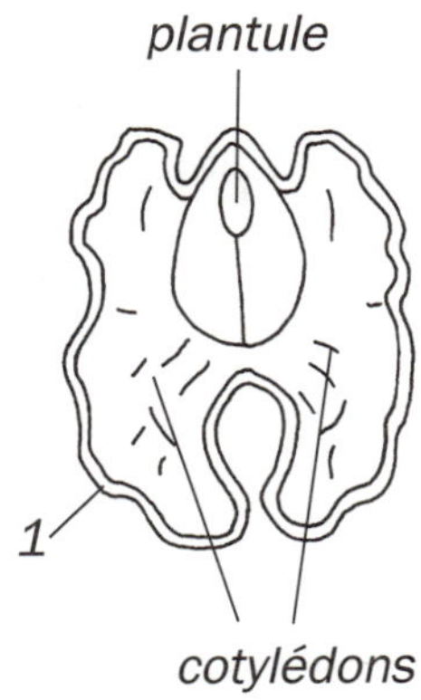

- Colorie la plantule sur chacun des dessins.

J'ai découvert

Toutes les graines contiennent une petite plante miniature, la plantule, entourée de « sacs » (les cotylédons) contenant des réserves de nourriture. Quand une graine germe, la plantule grandit et devient la nouvelle plante.

Mots importants
- *plantule*
- *cotylédon*
- *réserve de nourriture*

1 Chasse l'intrus

- Ils pondent tous des œufs sauf un. Lequel ?

le canard

l'escargot

la souris

le papillon

2 Bizarre ! Bizarre !

On offre à Pierre deux souris blanches. Il les installe dans une cage et attend la naissance des souriceaux. Six mois plus tard, il n'y a toujours pas de naissances.

- Quelles suppositions peut-il faire ?

....

....

....

3 Quel est son petit ?

- En utilisant des couleurs différentes, relie par une flèche la mère et son petit.

est la mère du

faon | veau | têtard | lionceau | poulain

4 Vrai ou faux ? Renseigne-toi.

- La jument est la femelle du cheval .... ☐
- La pie est la femelle du corbeau .... ☐
- Le bélier est le mâle de la brebis .... ☐
- La vache est la femelle du taureau .... ☐
- L'escargot est à la fois mâle et femelle .... ☐
- La chouette est la femelle du hibou .... ☐

5 Deux bébés le jour de leur naissance

un poussin de rouge-gorge

un poussin de poule

- Comment le petit rouge-gorge peut-il manger sans quitter son nid ?

....

- Lequel de ces deux jeunes animaux a le plus besoin de sa mère ?

....

- Quelle aide la poule apporte-t-elle au poussin ?

....

tu dois pouvoir répondre... tu dois pouvoir répondre...

L'histoire d'une fleur de cerisier

1 La naissance d'une cerise

1

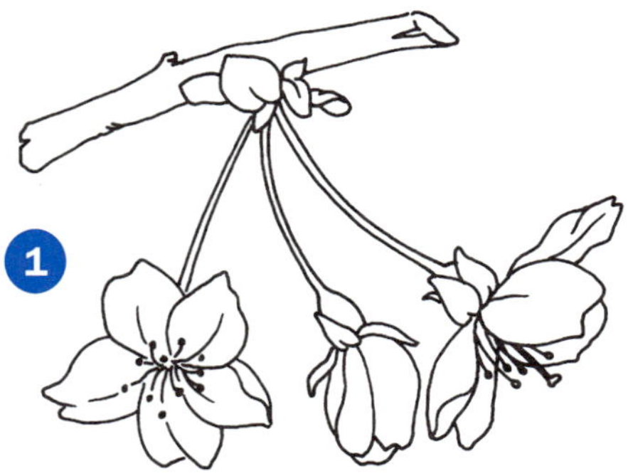

- Que représente chacun de ces quatre dessins ?

  1 : ....

  2 : ....

  3 : ....

  4 : ....

- Raconte l'histoire d'une fleur de cerisier.

2

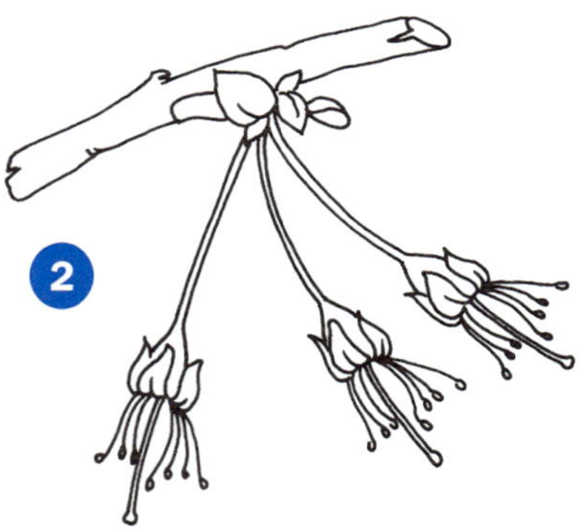

3

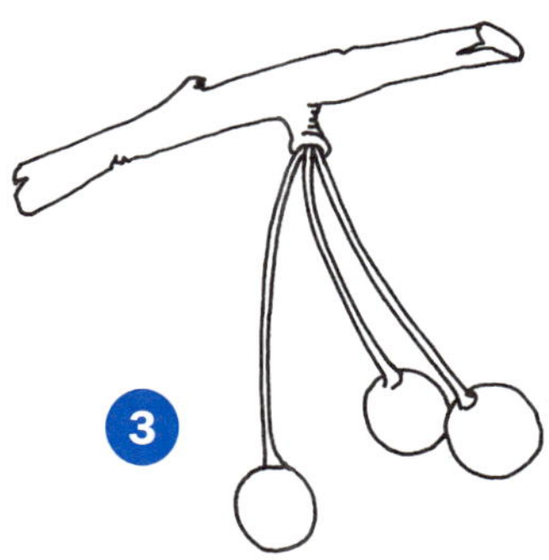

4

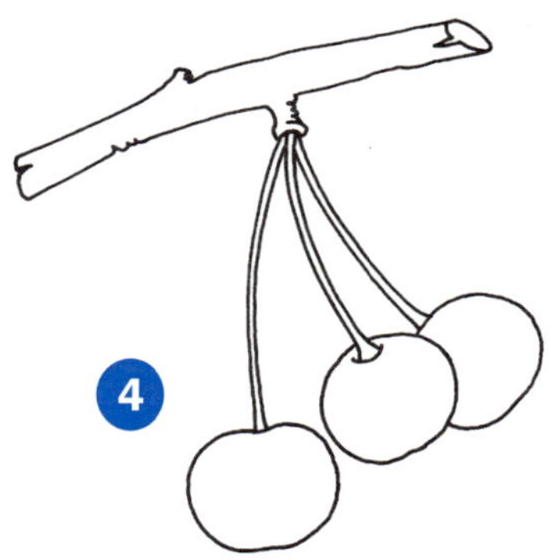

- Colorie les dessins.

De la fleur à la cerise

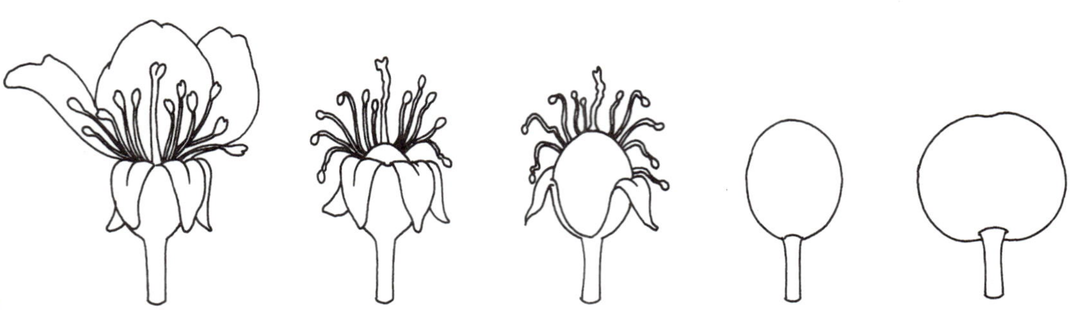

2 Pour comprendre, observe bien la fleur

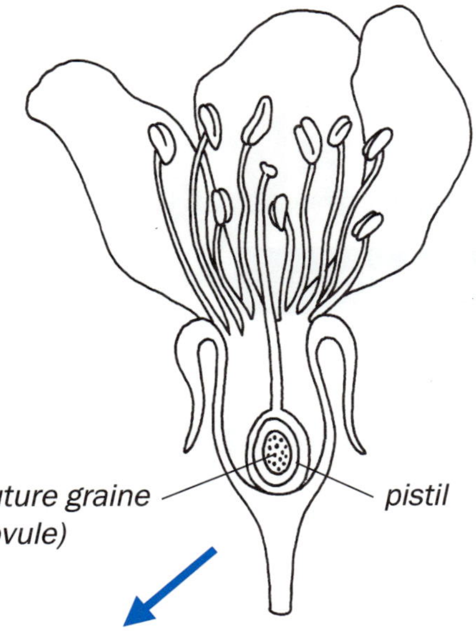

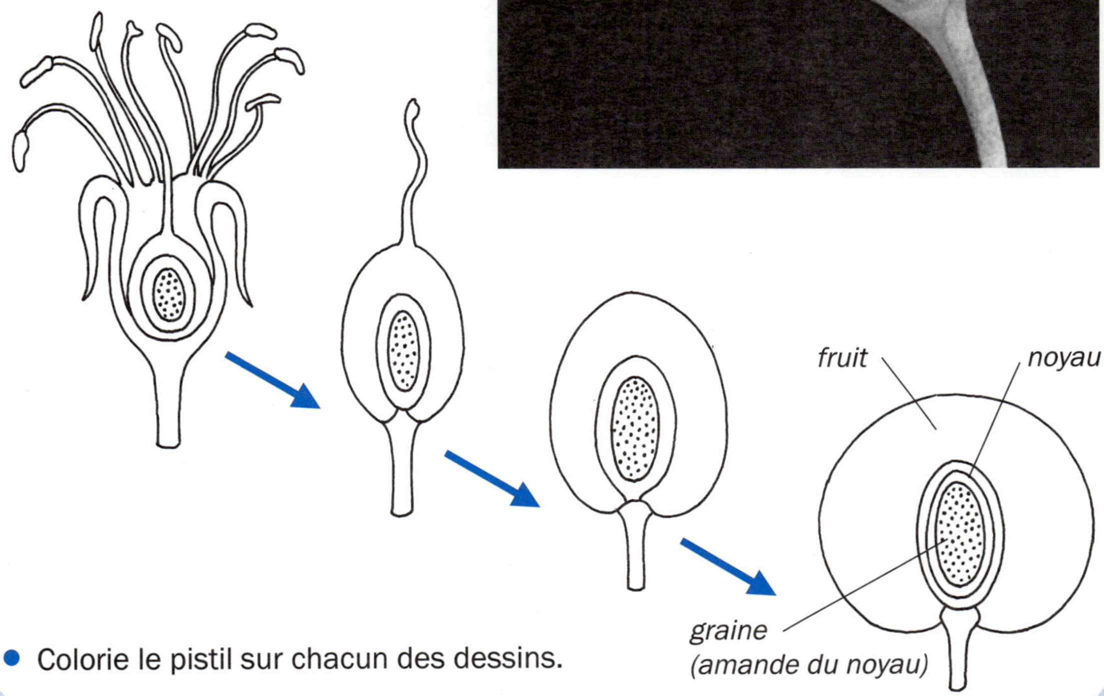

- Colorie le pistil sur chacun des dessins.

J'ai découvert

Lorsqu'une fleur de cerisier fane, elle ne disparaît pas complètement : son pistil se transforme en fruit (une cerise).
L'ovule contenu dans le pistil devient alors la graine.

Mots importants

- *fleur*
- *fruit*
- *pistil*
- *ovule*
- *graine*

D'où viennent les graines ?

1 L'histoire d'une fleur de pommier

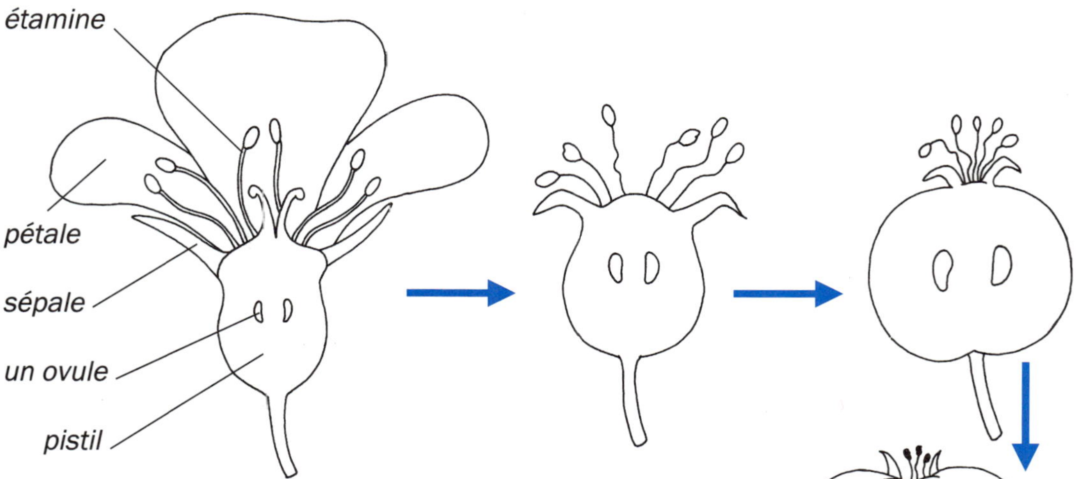

La fleur

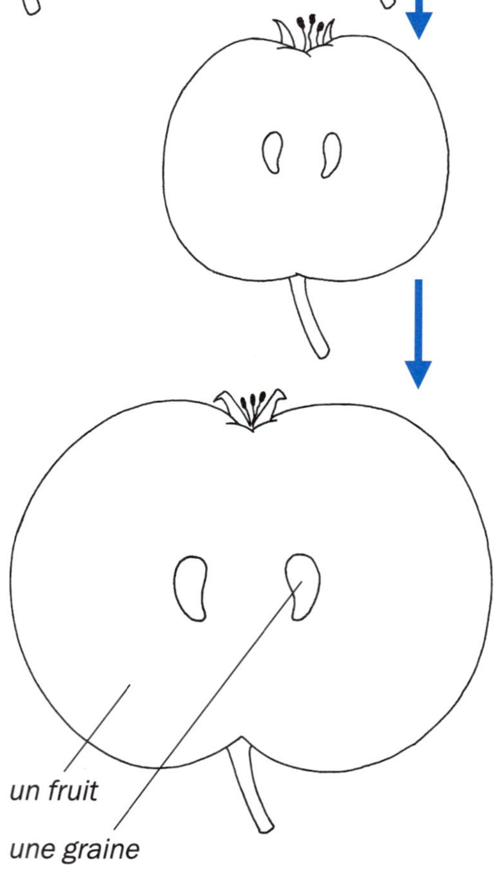

Le fruit = la pomme

- Sur les dessins, colorie en marron les pépins de la pomme.
- Quels organes de la fleur deviennent des pépins ?

  ....

- Colorie en vert le pistil de la fleur et ce qu'il devient.
- **Vrai ou faux ?**

  – Le pistil grossit et devient le fruit .... ☐

  – Un ovule grossit et devient une graine .... ☐

  – Une pomme ne contient qu'une seule graine .... ☐

2 L'histoire d'une fleur de pois

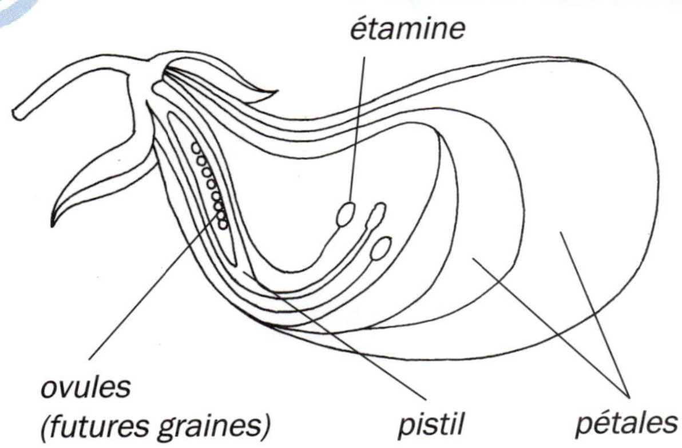

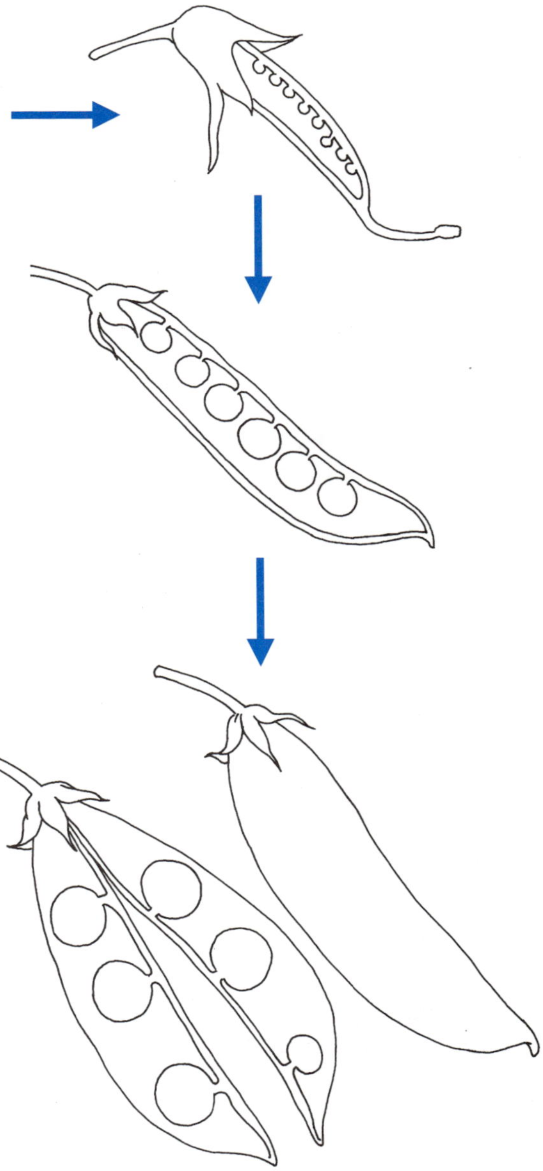

- Colorie en marron les graines sur les divers dessins.
- Quels organes de la fleur deviennent les graines ?

  ....
- Colorie en vert le pistil de la fleur et ce qu'il devient.
- Au cours de la transformation de la fleur, que deviennent :

  – les pétales : ....

  ....

  – les étamines : ....

  ....

J'ai découvert

Lorsqu'une fleur se fane, les ovules contenus dans le pistil deviennent les graines.
Le pistil lui-même se transforme en fruit (comestible ou non) qui contient les graines.

Mots importants

- *pistil*
- *ovule*
- *fruit*
- *graine*

Pour mieux connaître les fruits et les graines

1 À la recherche des fruits et des graines

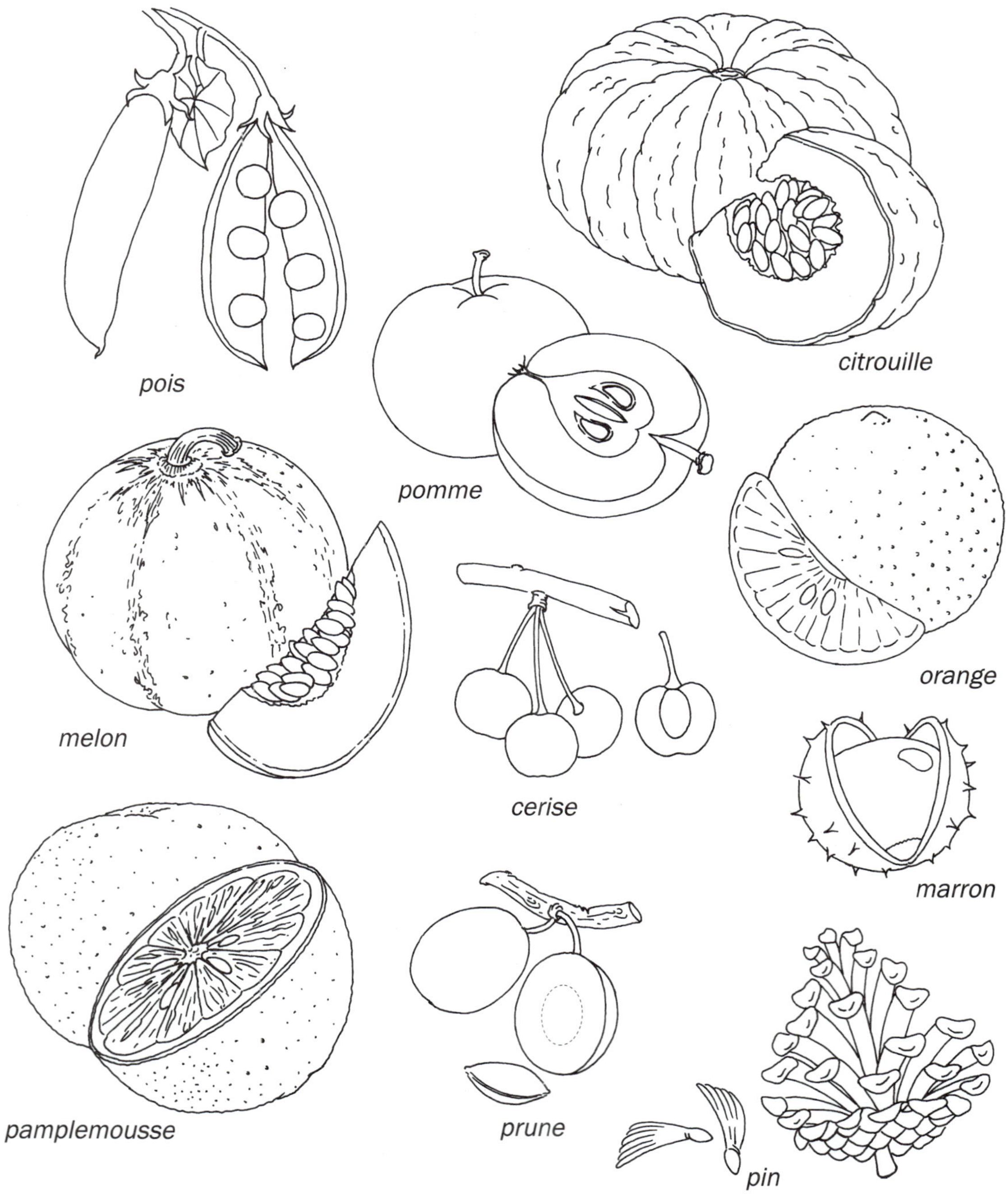

- Colorie les graines en marron, les fruits en jaune.

Des astuces pour voyager

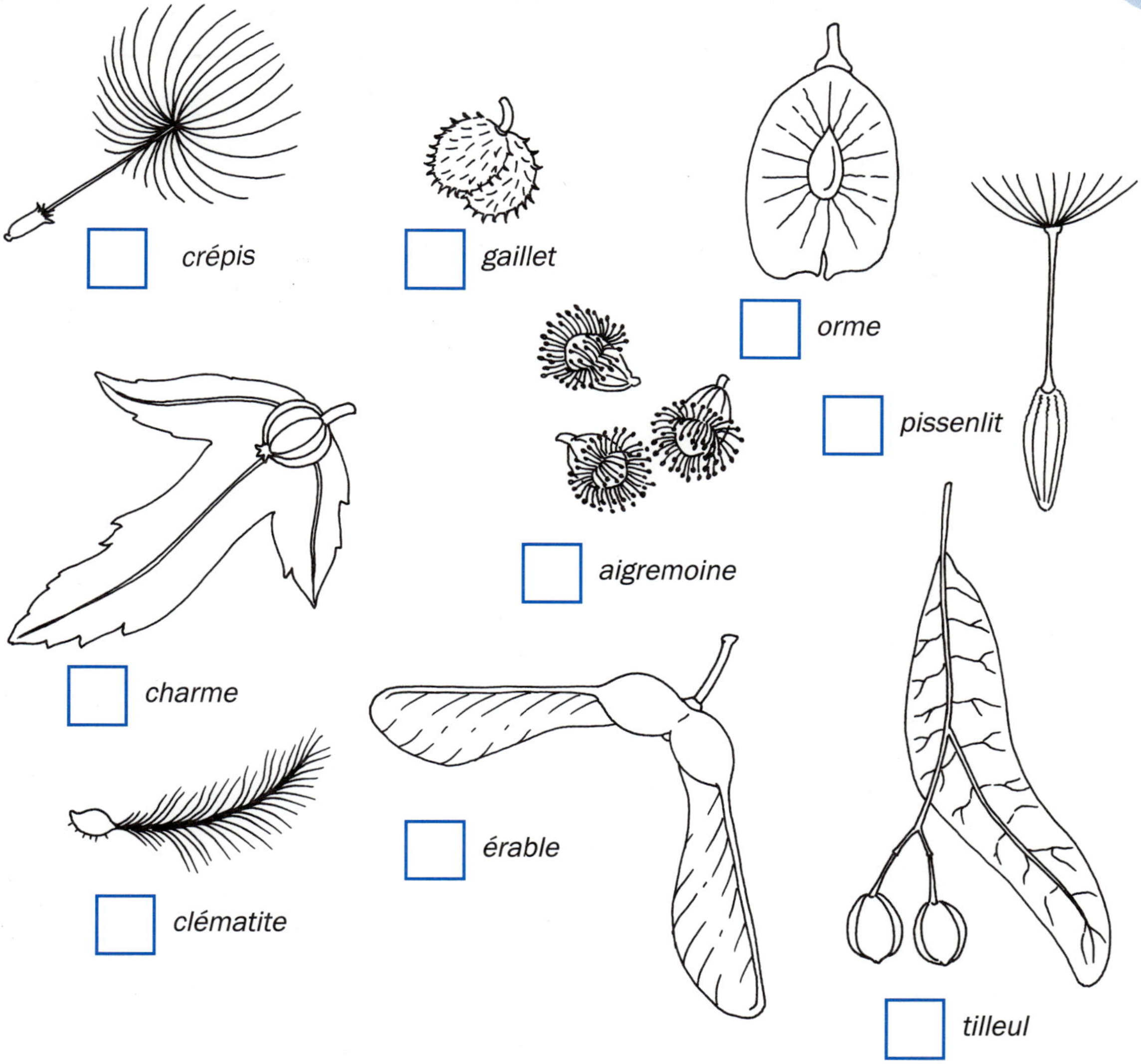

- Certains fruits tombent au pied de la plante qui les a produits, d'autres au contraire peuvent parcourir de longues distances entraînés par le vent V ou accrochés à la fourrure des animaux A. Dans quelle catégorie placerais-tu les semences ci-dessus ? Écris dans les cases la lettre qui convient et explique les raisons de ton choix.

J'ai découvert

Les graines sont toujours enfermées dans un fruit. Certains fruits ne contiennent qu'une seule graine, d'autres plusieurs ; certains fruits sont charnus, d'autres n'ont pas de chair.

Mots importants

- *fruit*
- *graine*
- *dissémination*

tu dois pouvoir répondre... tu dois pouvoir répondre...

1 La naissance d'un chêne

- Quelle partie de la graine devient le petit chêne ?
- Que sont devenus les cotylédons sur l'image 5 ?

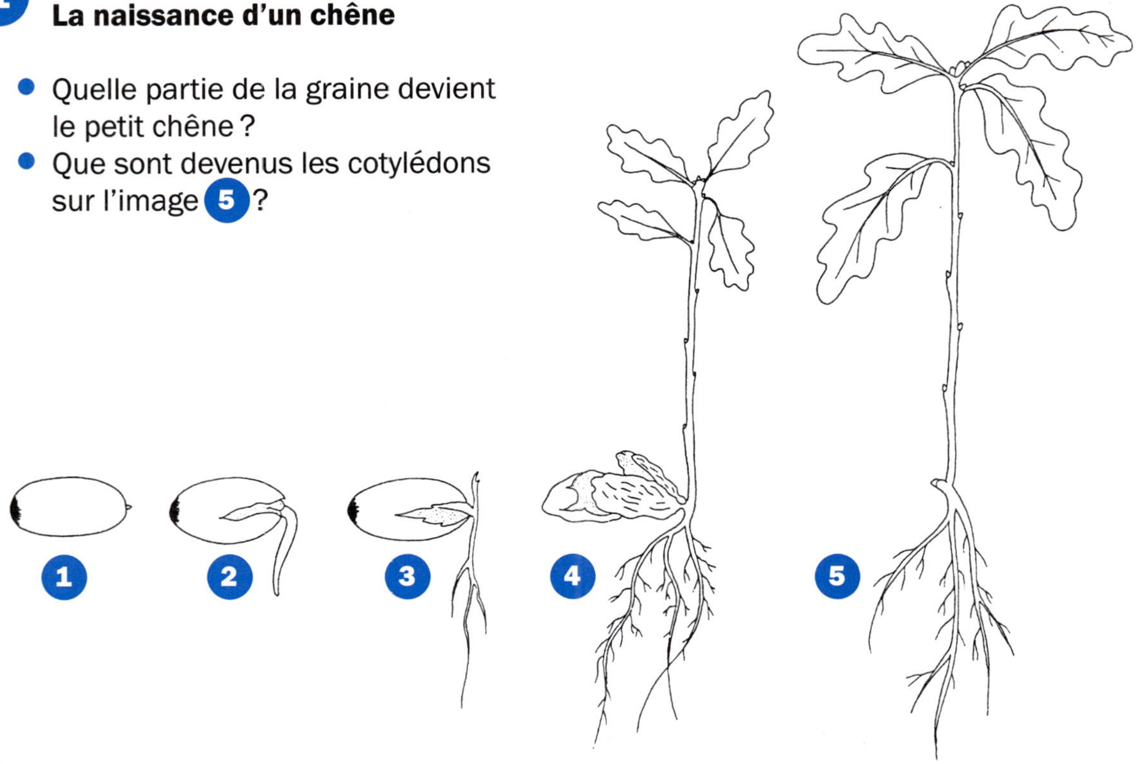

2 Un schéma pour expliquer

- Que devient la plantule au cours de la germination d'une graine ?
- Colorie les cotylédons sur chacun des dessins.

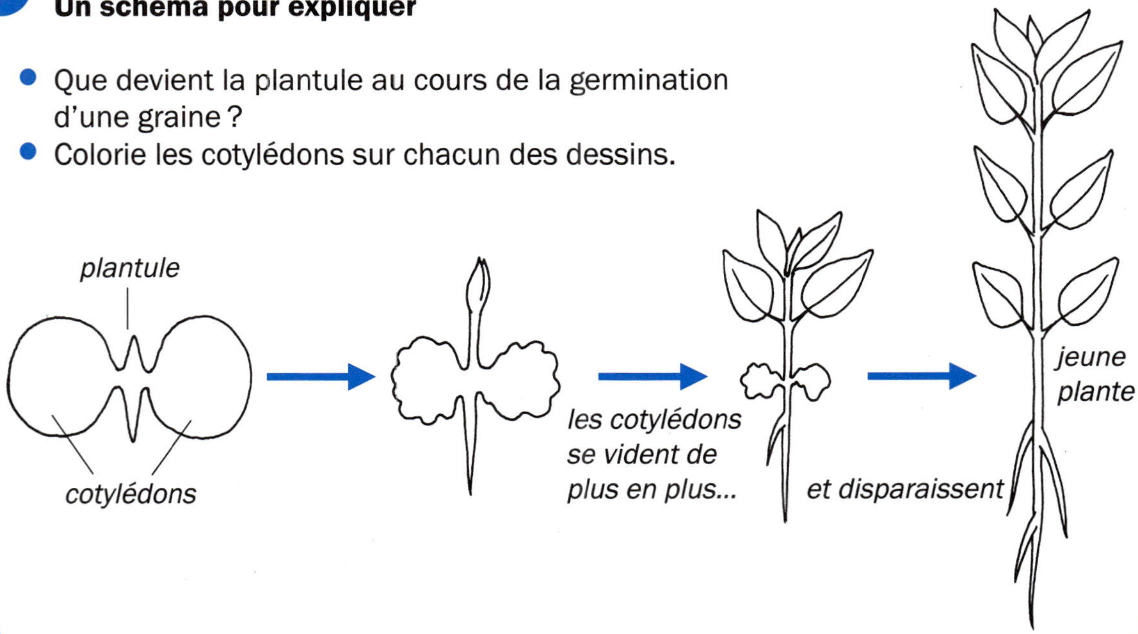

tu dois pouvoir répondre... tu dois pouvoir répondre...

tu dois pouvoir répondre... tu dois pouvoir répondre...

3 **L'histoire d'une tulipe**

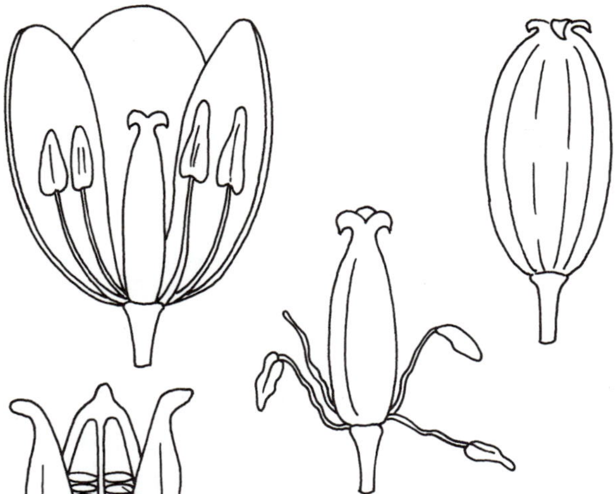

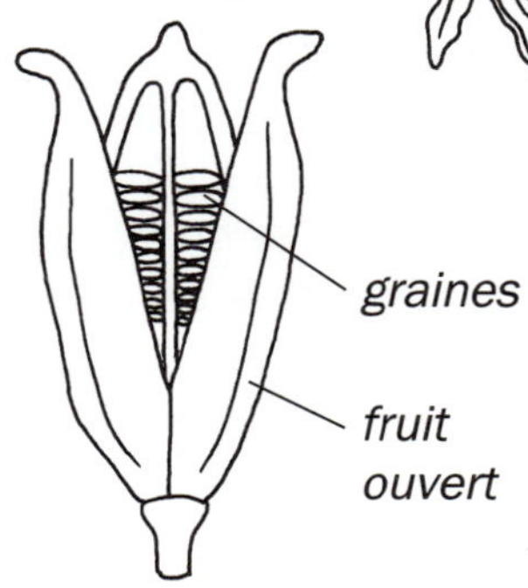

- Numérote les dessins dans l'ordre.
- Colorie le pistil et ce qu'il devient.

4 **Qu'est-ce qu'un grain de raisin ?**

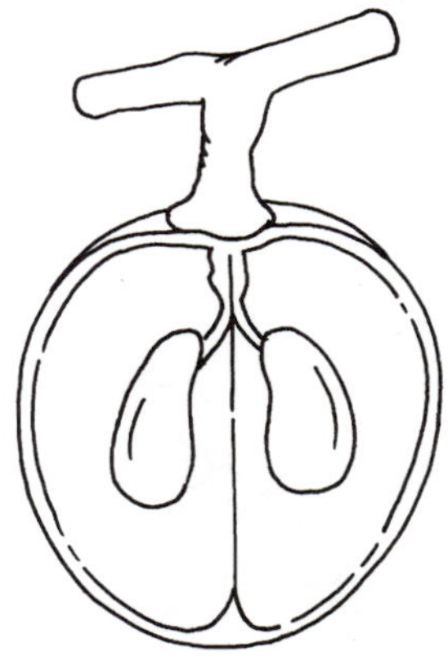

- Colorie les graines en marron et le fruit en jaune.
- Que se passe-t-il si on sème un pépin ?

5 **Lesquels sont des fruits ?**

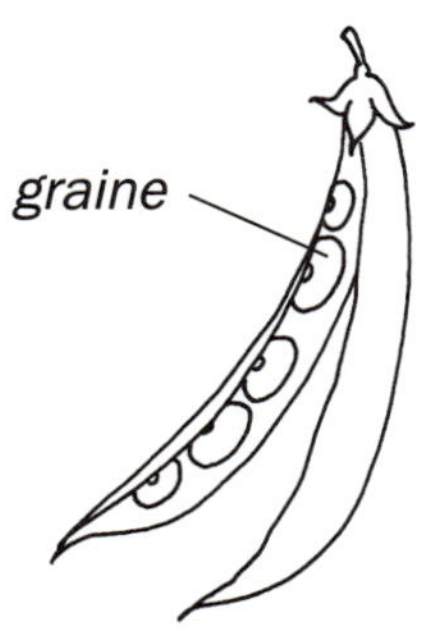

haricot

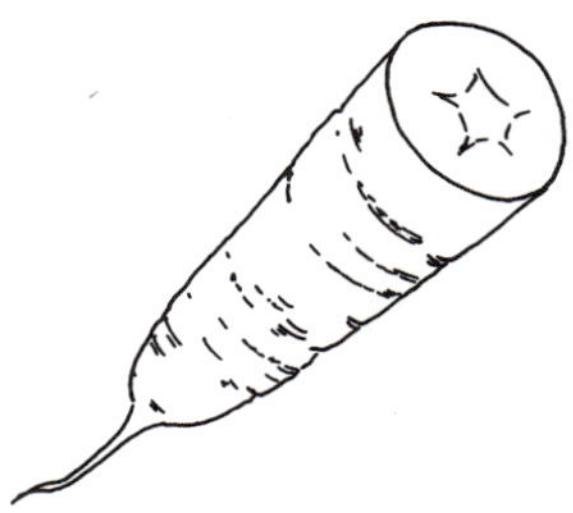

carotte

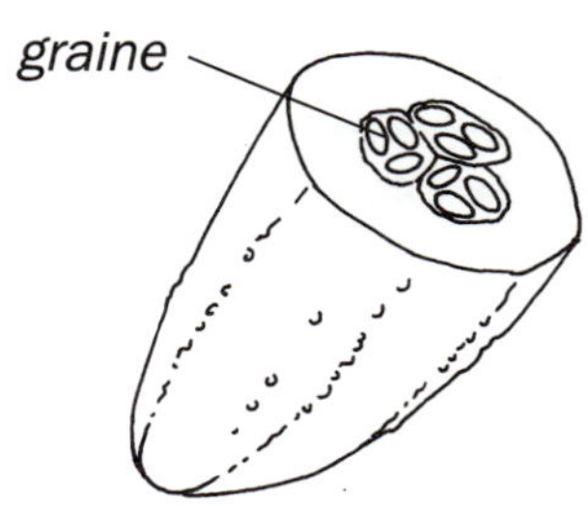

concombre

- On ne mange au dessert ni la carotte, ni le concombre, ni le haricot vert. Pourtant deux d'entre eux sont des fruits. Lesquels ?

....

- Colorie en rouge ce qui t'a permis de trouver la réponse.

tu dois pouvoir répondre... tu dois pouvoir répondre...

Des outils pour manger

1 Des outils pour chasser

Perchée sur un piquet, une buse, parfaitement immobile, surveille son territoire de chasse. Soudain, elle aperçoit un campagnol qui sort de la haie. La buse reste immobile. Lorsque le campagnol atteint le milieu de la prairie, la buse, d'un vol rapide, fond sur lui. Les griffes du rapace s'enfoncent dans le corps de la proie qui est tuée sur le coup. Grâce à son bec crochu, la buse déchire les chairs et mange sa proie.

- Mets un numéro à chacune des étiquettes pour reconstituer le film de la chasse de la buse en utilisant les informations données dans le texte ci-dessus.

	apercevoir
	manger
	tuer
	s'approcher
	surveiller
	capturer

2 À quoi sert le bec d'un oiseau ?

le gros-bec

2 ....

Je mange les petits insectes cachés dans les fentes des écorces.

l'avocette

1 ....

Mon bec est courbé vers le haut ; je le promène à la surface de l'eau pour récolter de minuscules proies.

le grimpereau

3 ....

J'enfonce mon bec dans la terre pour saisir les vers de terre.

la bécasse

4 ....

Je peux, grâce à mon bec, casser des noyaux très durs afin d'en extraire l'amande dont je me nourris.

- Retrouve la carte d'identité de chacun de ces oiseaux.

J'ai découvert

Un oiseau qui mange des graines ou de petits insectes n'a pas le même bec qu'un rapace qui coupe et déchire la chair de ses proies. Chaque oiseau a le bec qui convient à son régime alimentaire.

Mots importants

- *régime alimentaire*
- *bec adapté*

Les pattes des oiseaux : des outils très spécialisés

1 Des pattes pour nager, des pattes pour...

- **1** courir
- **2** sauter
- **3** capturer les proies
- **4** se percher
- **5** grimper aux arbres
- **6** nager
- **7** pêcher
- **8** marcher

- Écris à côté de chaque dessin le ou les chiffres qui conviennent.

2 À qui appartient cette empreinte ?

héron

- Écris, dans les étiquettes, le nom de l'oiseau qui a laissé cette empreinte.

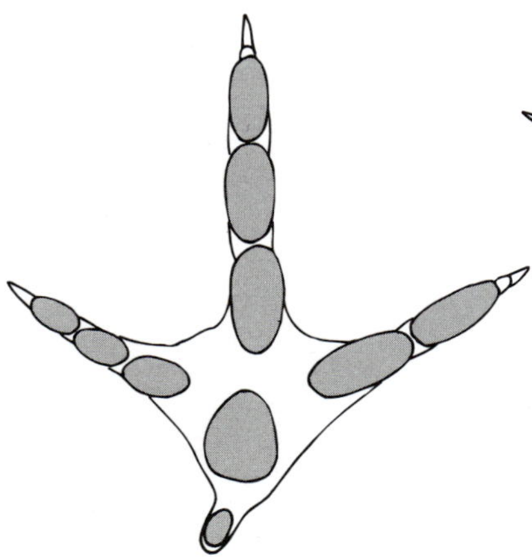
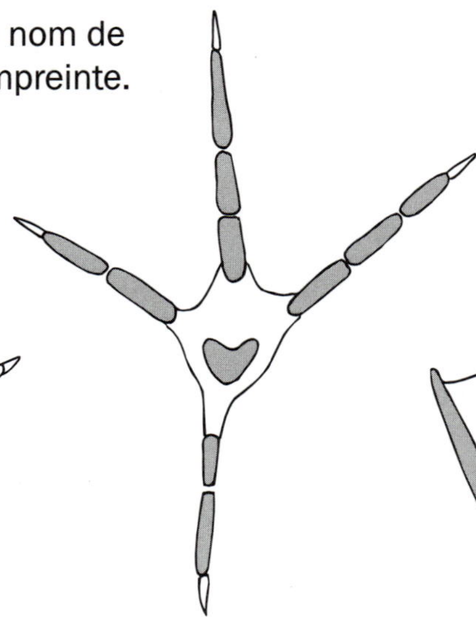
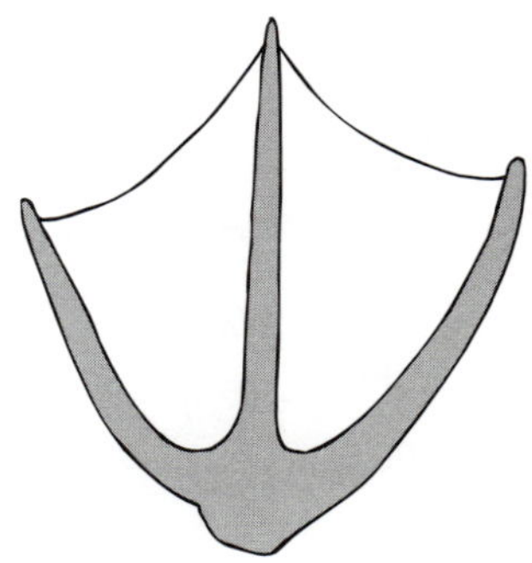

J'ai découvert

Les pattes des oiseaux sont des outils très spécialisés qui permettent selon les cas de marcher, de se percher, de grimper sur le tronc d'un arbre, d'attraper un poisson...

Mots importants

- *patte*
- *outil spécialisé*

Qui mange l'autre ?

1 Des menus pour tous les goûts

- Sur chacun de ces menus, souligne :
  - en rouge les aliments d'origine animale,
  - en vert les aliments d'origine végétale.

- Quels sont les animaux carnivores ? ....

  ....

  les animaux végétariens ? ....

  les animaux omnivores ? ....

2 Manger puis être mangé

Une noix appétissante...

... attire le mulot...

... qui sera un jour dévoré par la chouette

- Raconte cette histoire « comme les scientifiques » en écrivant une chaîne alimentaire.

[ ] → [ ] → [ ]

- Combien cette chaîne alimentaire a-t-elle de maillons ?

....

....

- Écris une chaîne alimentaire qui fait intervenir un escargot, une laitue, un hérisson.

....

....

J'ai découvert

Certains animaux sont végétariens, d'autres carnivores, d'autres omnivores. Une chaîne alimentaire indique le trajet de la nourriture depuis les plantes jusqu'aux animaux carnivores.

Mots importants

- *végétarien*
- *carnivore*
- *omnivore*
- *chaîne alimentaire*

Des chaînes alimentaires entremêlées

1 Deux histoires dans le désordre

A

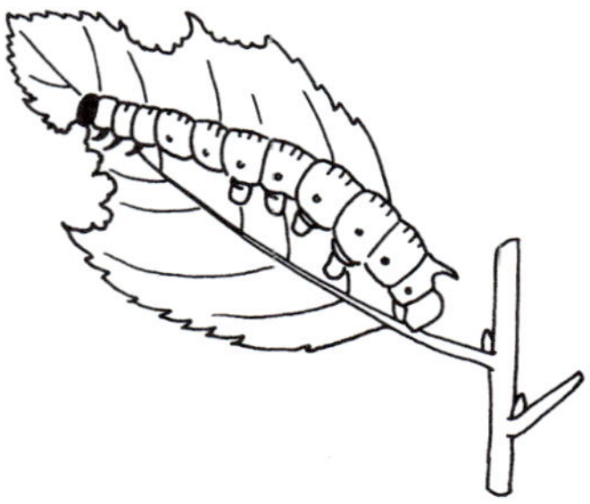

Des chenilles rongent les feuilles d'un pommier.

B

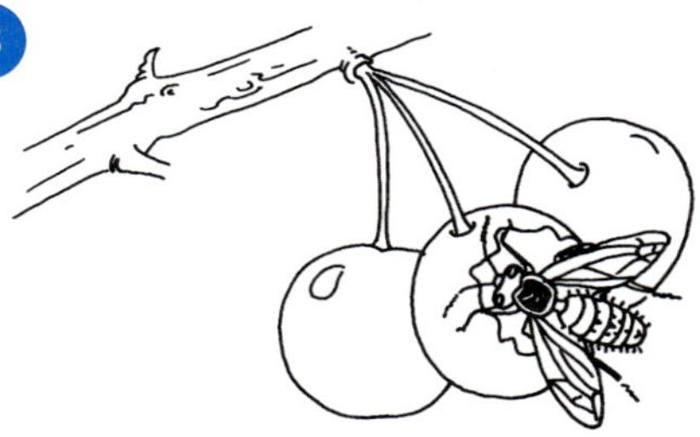

Cette guêpe gourmande trouve délicieuses les cerises du jardin.

C

Le geai a tué le rouge-gorge et se prépare à le manger.

D

Le rouge-gorge du jardin se régale de chenilles.

E

Le chat a surpris la mésange et va la dévorer.

F

La mésange apporte une guêpe à ses petits.

- Reconstitue les deux histoires et écris chacune d'elle sous forme de « chaîne alimentaire ».

2 Des histoires dans le jardin

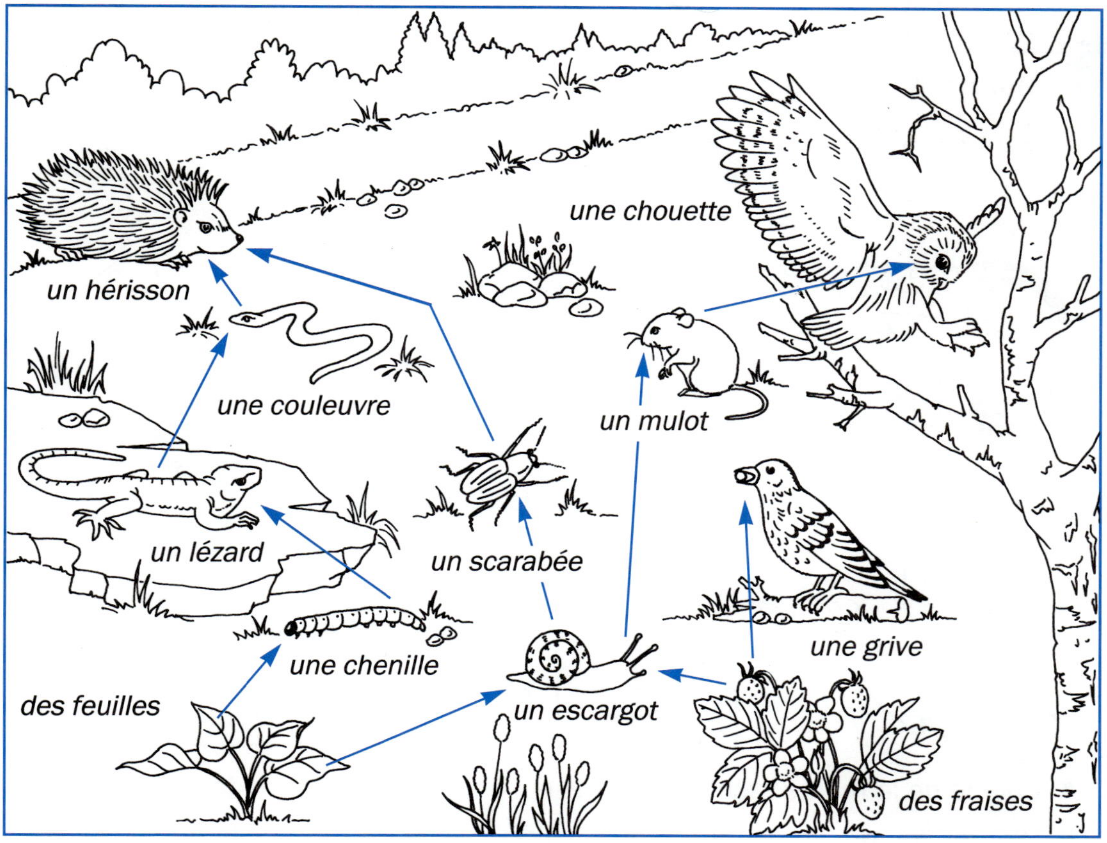

- Écris deux chaînes alimentaires représentées sur ce dessin.

....

....

- Quel est le premier maillon de chacune des chaînes que tu as écrites ?

....

- Les animaux carnivores pourraient-ils se nourrir s'il n'y avait plus de plantes ?

J'ai découvert

S'il n'y avait pas de plantes chlorophylliennes, les animaux végétariens ne pourraient pas se nourrir.
De ce fait, les animaux carnivores ne trouveraient plus à manger.

Mots importants

- *chaîne alimentaire*
- *plante chlorophylienne*

1 Montre-moi ta patte

A

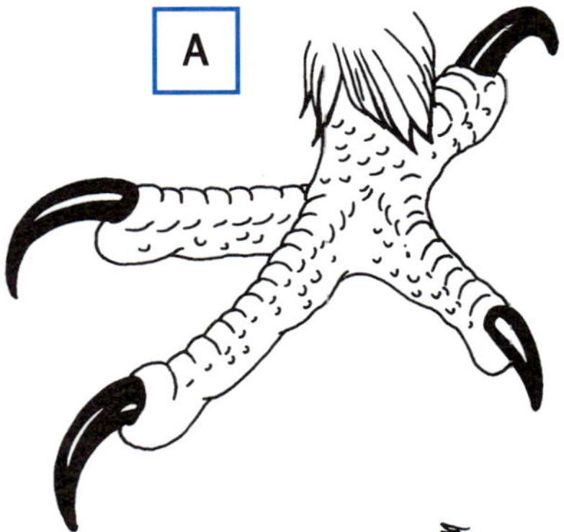

B

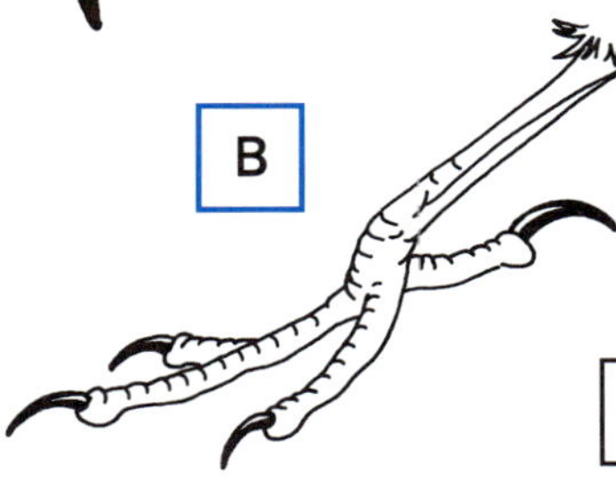

C

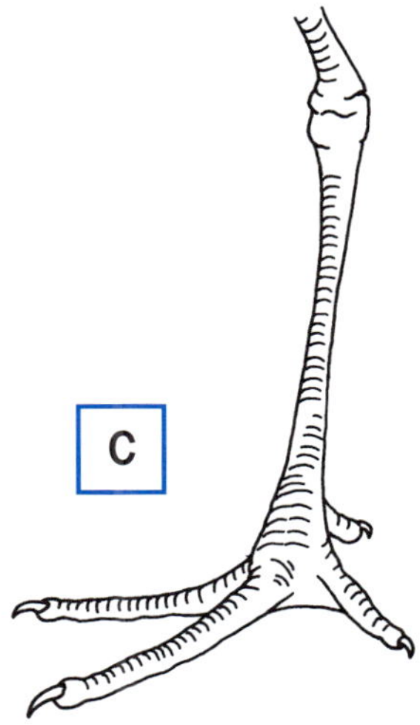

D

grimper sur les troncs d'arbres

se percher | patauger | capturer les proies

- Colorie de la même façon les carrés et l'étiquette correspondante.
- D'après toi, quelle est la patte de l'aigle ? celle du pic ? celle du chevalier (il vit en bordure des lacs) ? celle du verdier (il se perche sur les plantes du jardin) ?

2 Ils ont perdu leur carte d'identité

l'aigle

2 Mon bec solide et pointu me sert à creuser le bois des troncs d'arbres pour y récolter les insectes.

le pic-vert

1 Mon bec long et fin comme une paille me permet aisément de boire le nectar au fond des fleurs.

l'oiseau-mouche

3 Les bords de mon bec sont tranchants. Avec lui j'arrache les morceaux de chair de mes proies.

tu dois pouvoir répondre... tu dois pouvoir répondre...

3 Des silhouettes caractéristiques

- Pour chaque silhouette, précise si l'animal est en train de marcher, de courir, de voler, de s'envoler...

4 Pourquoi peuvent-ils voler ?

une chauve-souris

une autruche

un lapin

des pattes

des ailes

des nageoires

une guêpe

une tourterelle

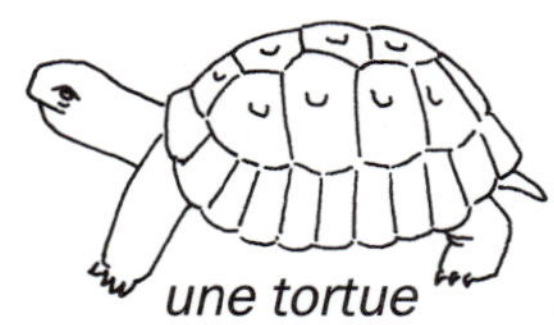

une tortue

- Relie chaque animal aux organes qui lui servent à se déplacer.

tu dois pouvoir répondre... tu dois pouvoir répondre...

Les secrets d'une bonne alimentation

1 La classification des médecins

Une règle à respecter : manger à chaque repas un aliment de chaque famille.

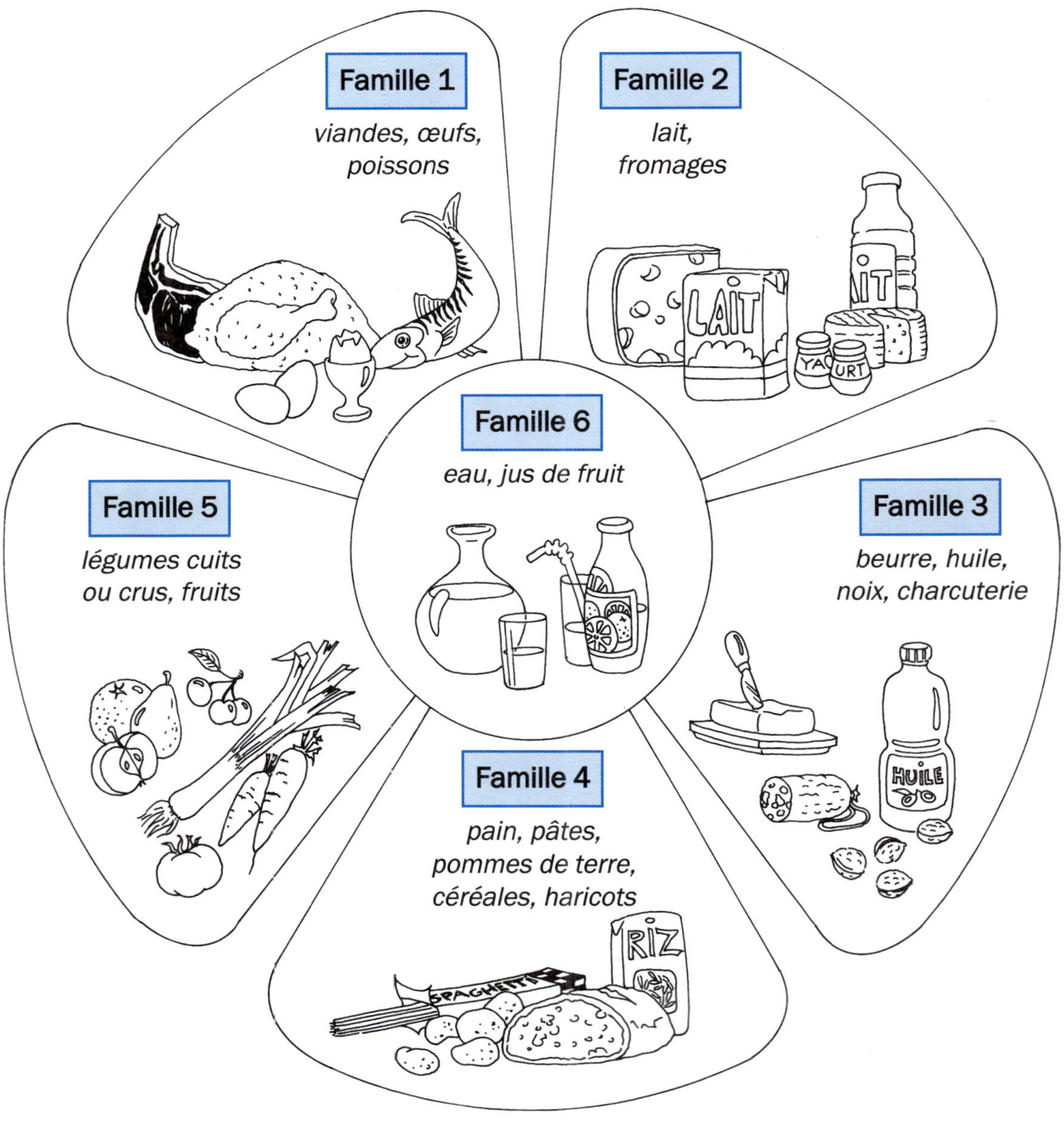

- Dessine, au bon endroit, un fromage de chèvre, du jambon, de la crème fraîche.

2 Contrôle ces menus

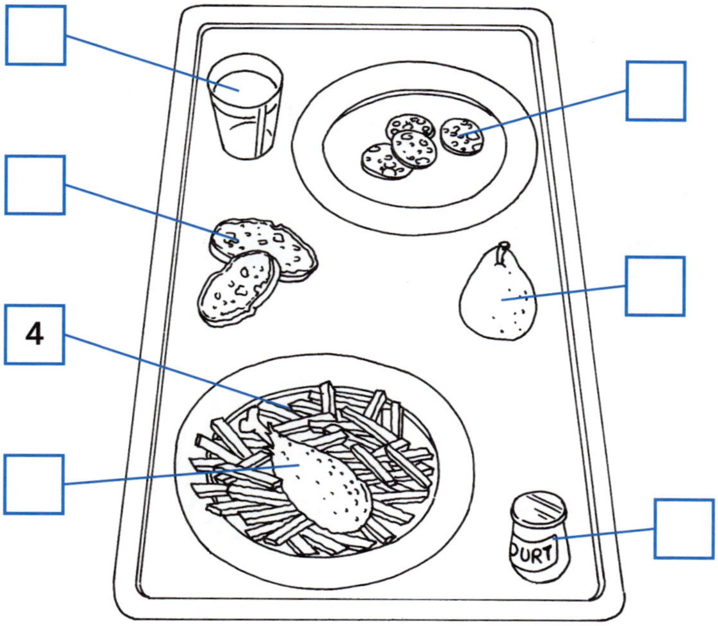

Le plateau de Nicole

1	2	3	4	5	6
			×		

- Écris dans les carrés du dessin ci-contre les chiffres qui conviennent, puis complète le tableau ci-dessus.

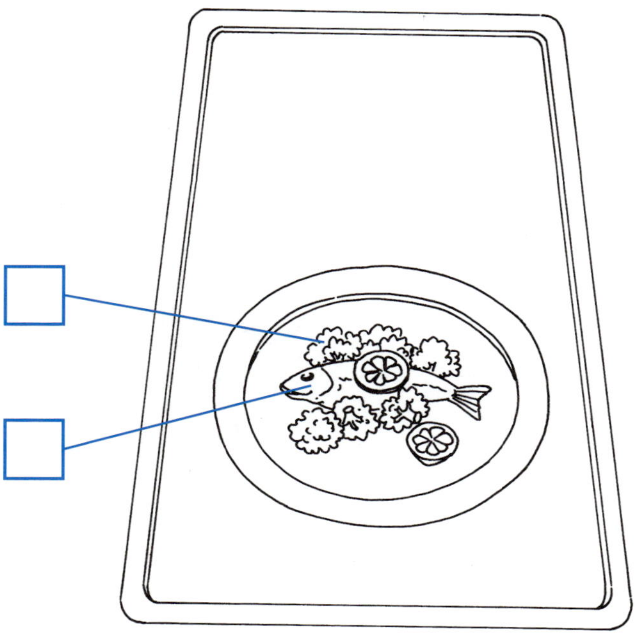

Le plateau de Véronique

1	2	3	4	5	6

- Le plateau de Véronique respecte-t-il les règles de diététique ?

- Complète le plateau de Véronique afin d'« équilibrer » son menu.

J'ai découvert

Les médecins classent les aliments en six groupes. Pour avoir une alimentation équilibrée, les repas d'une journée doivent obligatoirement fournir au moins un aliment de chacun de ces six groupes.

Mots importants

- *aliments*
- *équilibre alimentaire*
- *diversité*

Des yeux pour voir, des oreilles pour entendre

1 Que cette chanson est agréable !

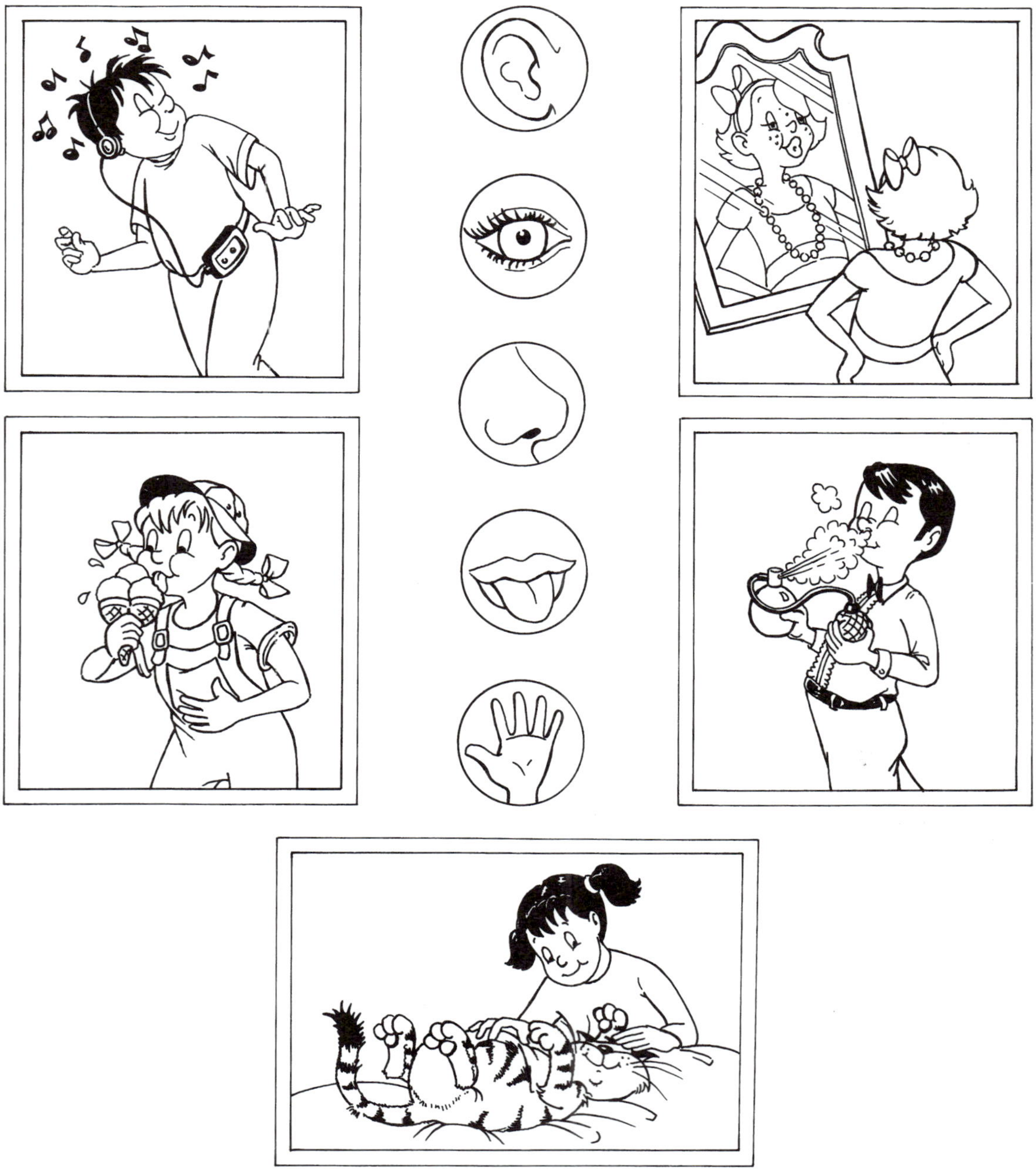

- Colorie de la même couleur les cadres des images que tu peux associer deux à deux.

2 Tu les vois, mais peux-tu les entendre ? les toucher ?

1

2

3

4
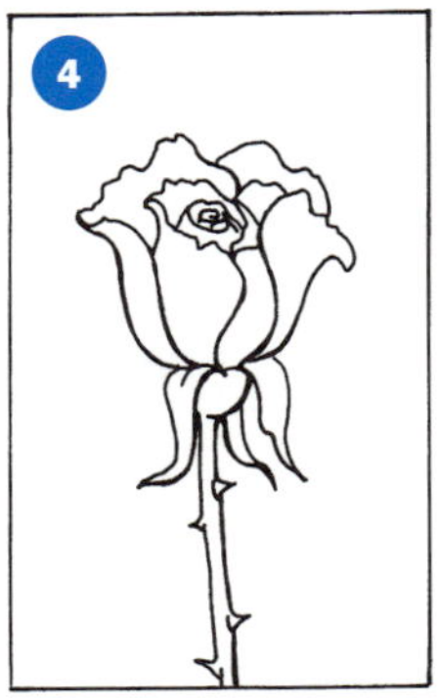

5
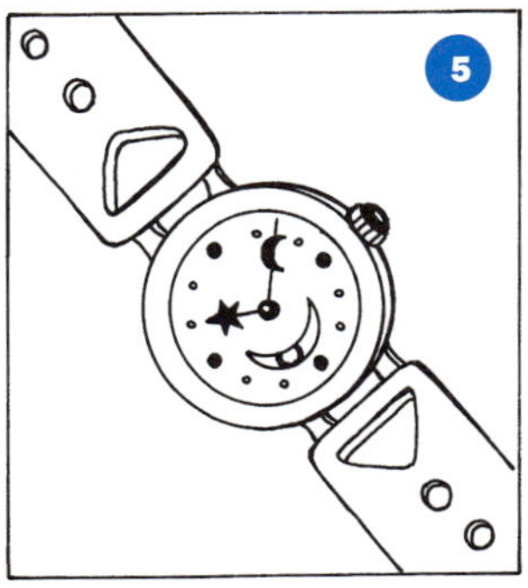

6

7

8

	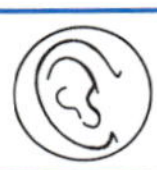	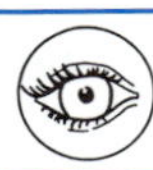			
1	×	×			×
2					
3					
4					
5					
6					
7					
8					

- Complète le tableau ci-contre.

J'ai découvert

Je connais le monde qui m'entoure grâce à mes cinq sens : la vue, l'ouïe, l'odorat, le goût et le toucher.
Si je ferme mes yeux, je ne vois plus rien : mes yeux sont des organes de la vision. Si je me bouche les oreilles, je n'entends rien : mes oreilles sont des organes de l'audition.

Mots importants

- *voir*
- *entendre*
- *sentir*
- *goûter*
- *toucher*

1 Des transformations étonnantes

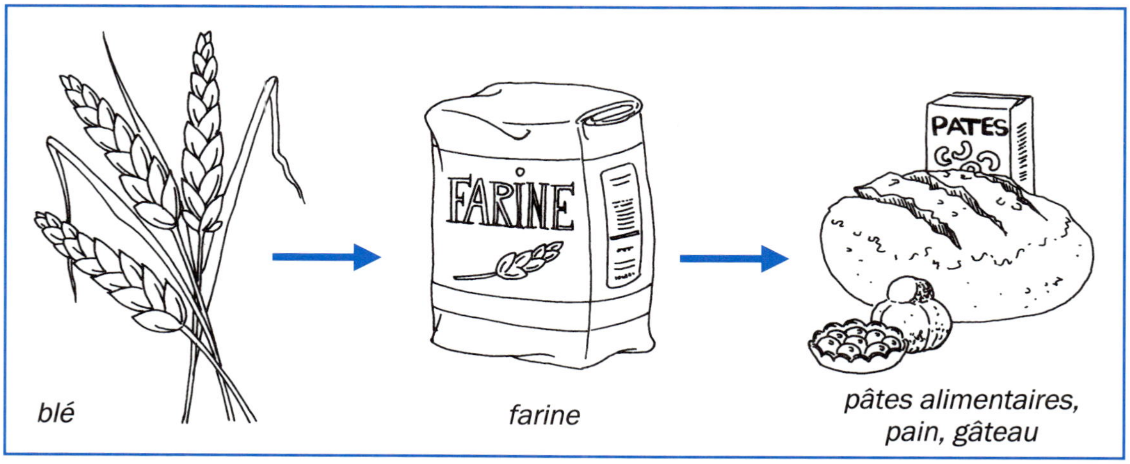

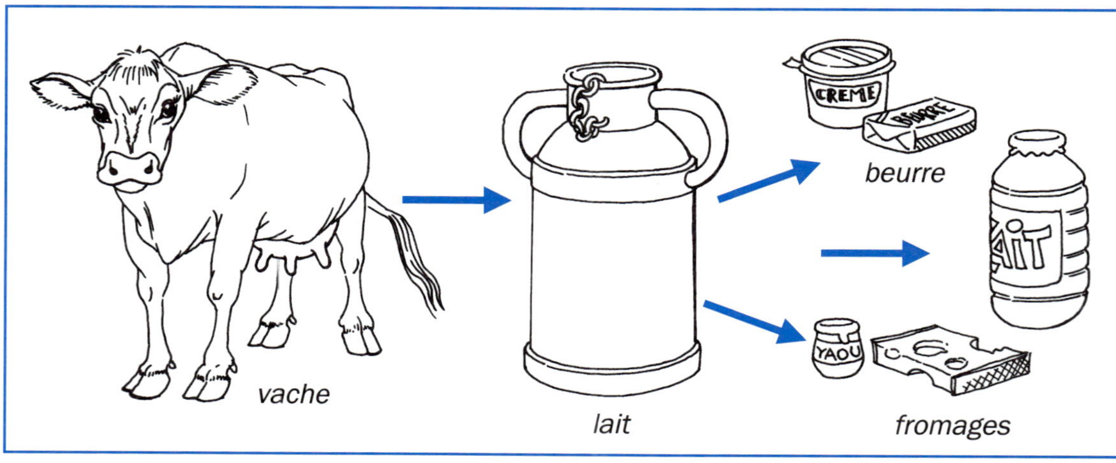

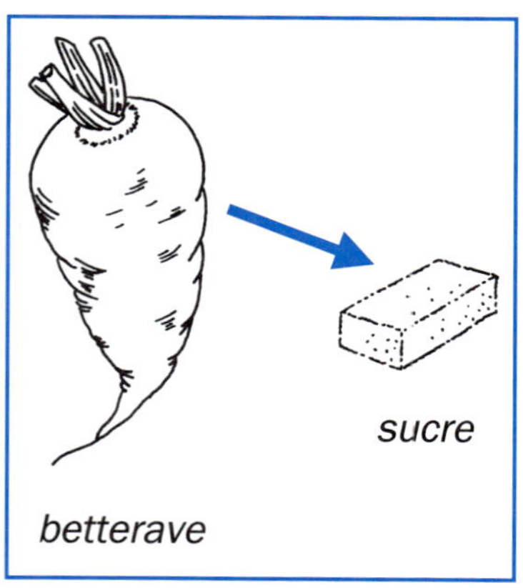

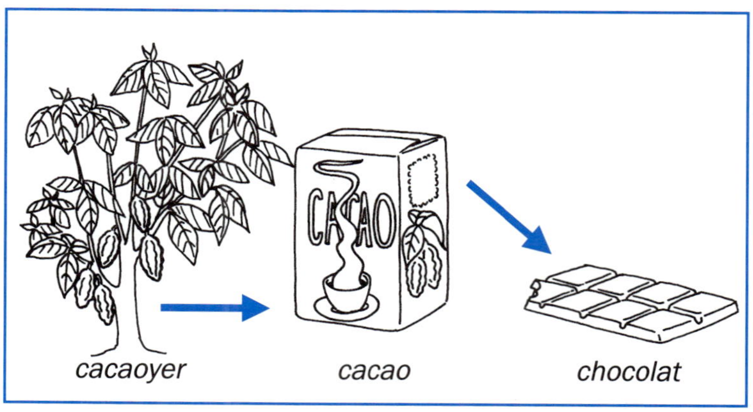

- Que raconte chacune de ces quatre images ?

2 Les faux amis

- Parmi les aliments qui suivent, certains contiennent beaucoup de sucre et sont donc dangereux pour les dents. Indique-les par un point rouge.

			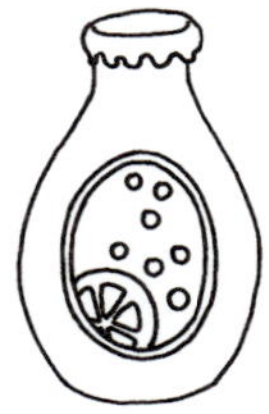		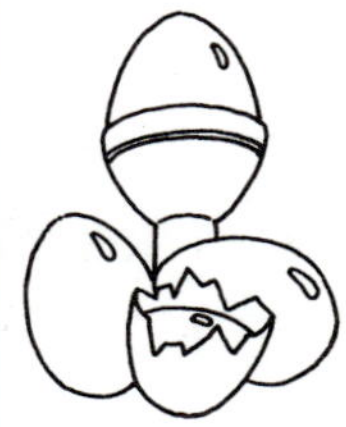
○ *bonbon*	○ *gâteau*	○ *glace*	○ *soda*	○ *eau*	○ *œufs*

3 Sont-ils vivants ?

- Souligne, en rouge, le nom des animaux. Souligne, en vert, le nom des plantes.
- Fais un point rouge pour indiquer ce qui est vivant, un point noir ce qui n'est pas vivant.

 *une vache*	 *un caillou*	 *un pied de tulipe*	 *un pied de muguet*
 *un cerisier*	 *un moineau*	 *un ours en peluche*	 *un escargot*
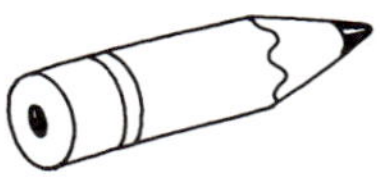 *un crayon*	 *Julien*	 *une paire de ciseaux*	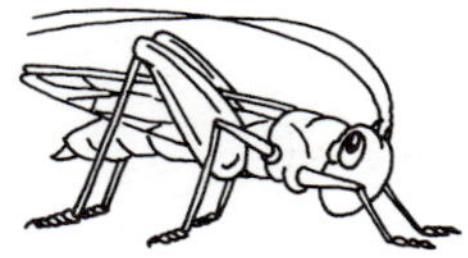 *une sauterelle*

Héberge-les dans une « maison » confortable

1 À chacun la maison qui convient

Voici des animaux...

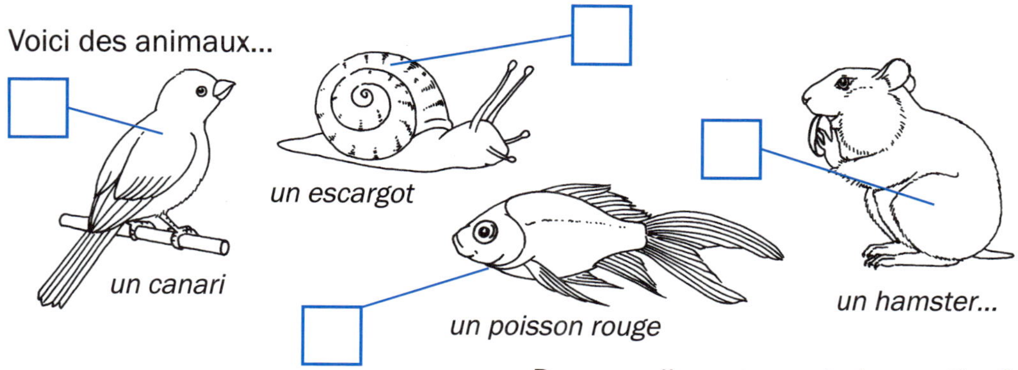

... Dans quelle cage vas-tu les mettre ?

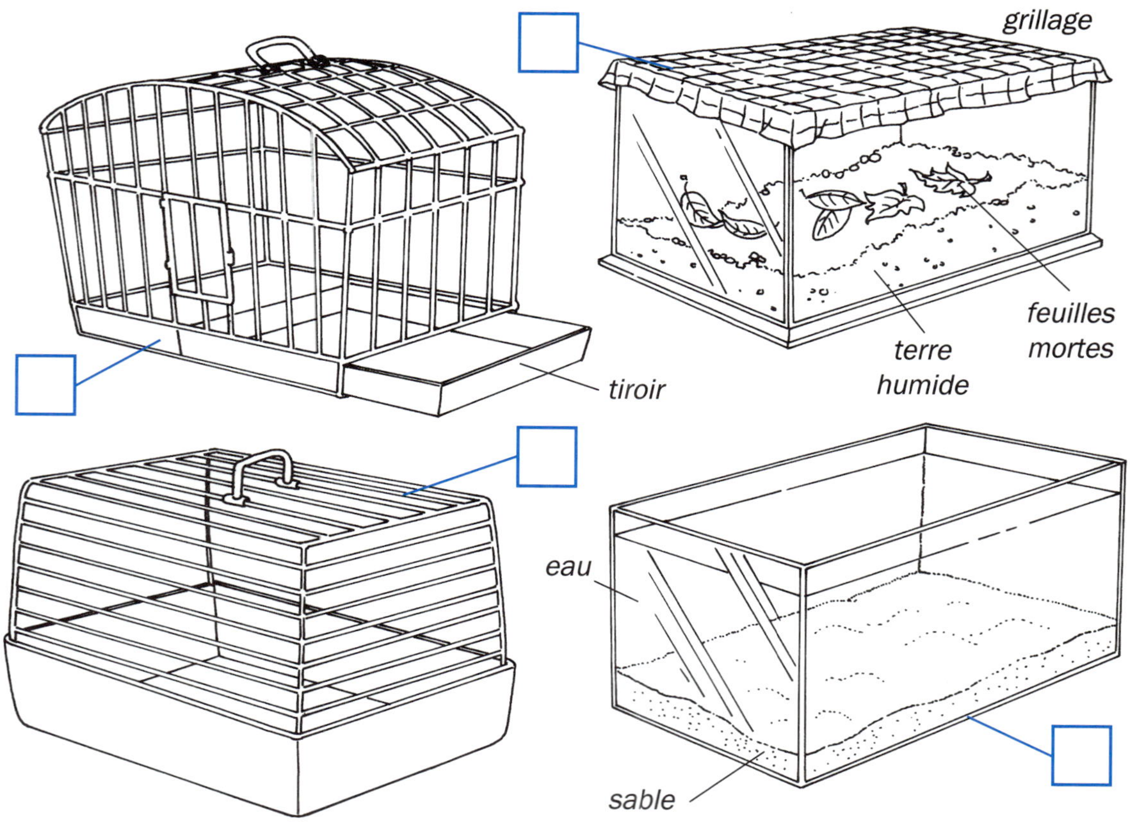

- Fais des points de couleur dans les étiquettes afin d'indiquer, pour chacun d'eux, quelle « maison » convient le mieux.

2 Quelques accessoires utiles

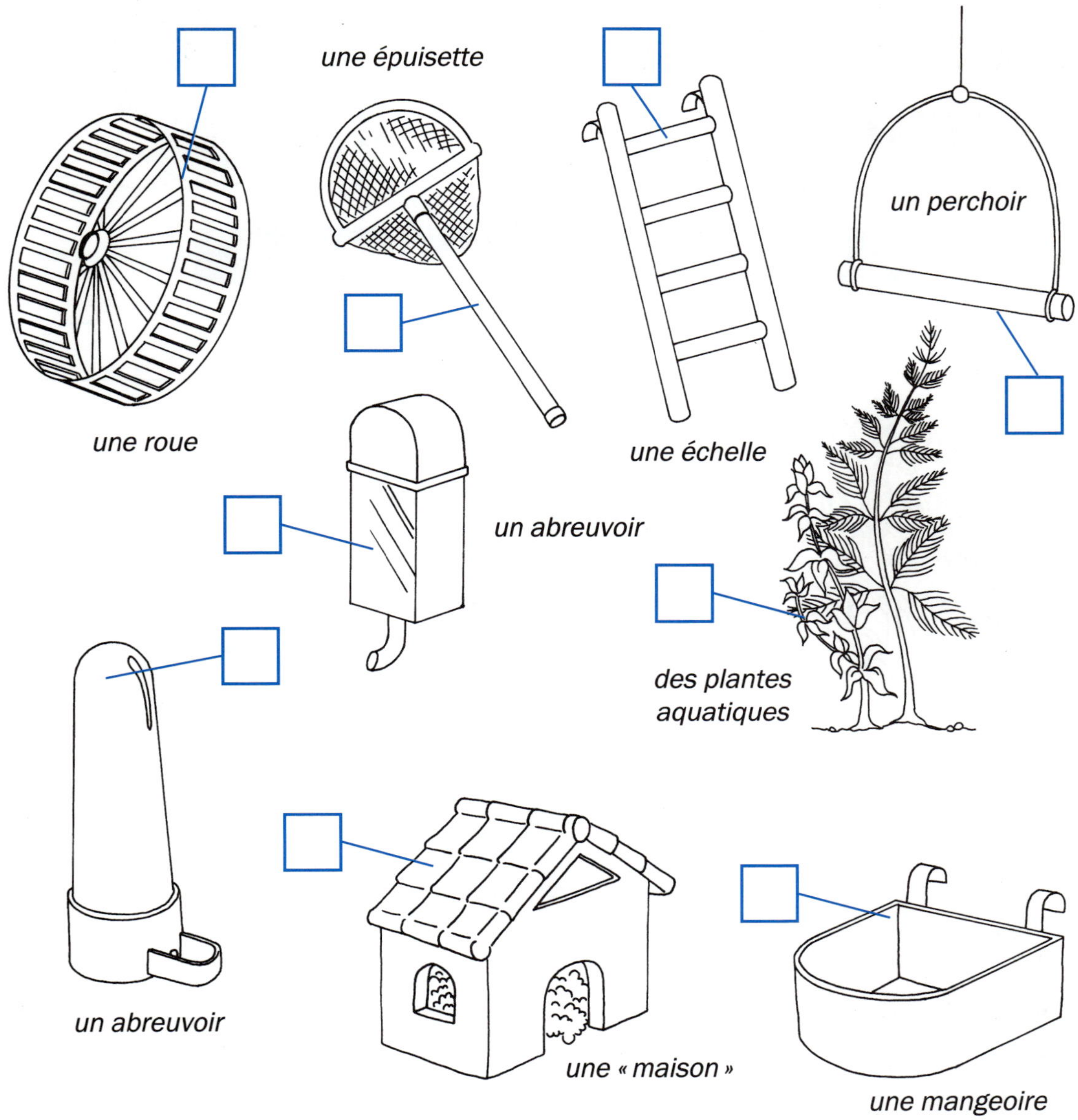

- Fais des points de couleur dans les étiquettes afin d'indiquer, pour chacun des animaux, quels accessoires conviennent le mieux.

J'ai découvert

Pour garder en bonne santé des animaux familiers chez soi ou dans la classe, il faut les installer confortablement et assurer les soins indispensables (alimentation, bonnes conditions d'hygiène...).

Mots importants

- *élevage*
- *soins*
- *hygiène*

Notre environnement change au cours des saisons

1 Hiver, été, printemps ? ... À toi de le dire

- En quelle saison se place chacune de ces images ?
  Explique les raisons de ton choix.

2 Renseigne-toi avant de répondre

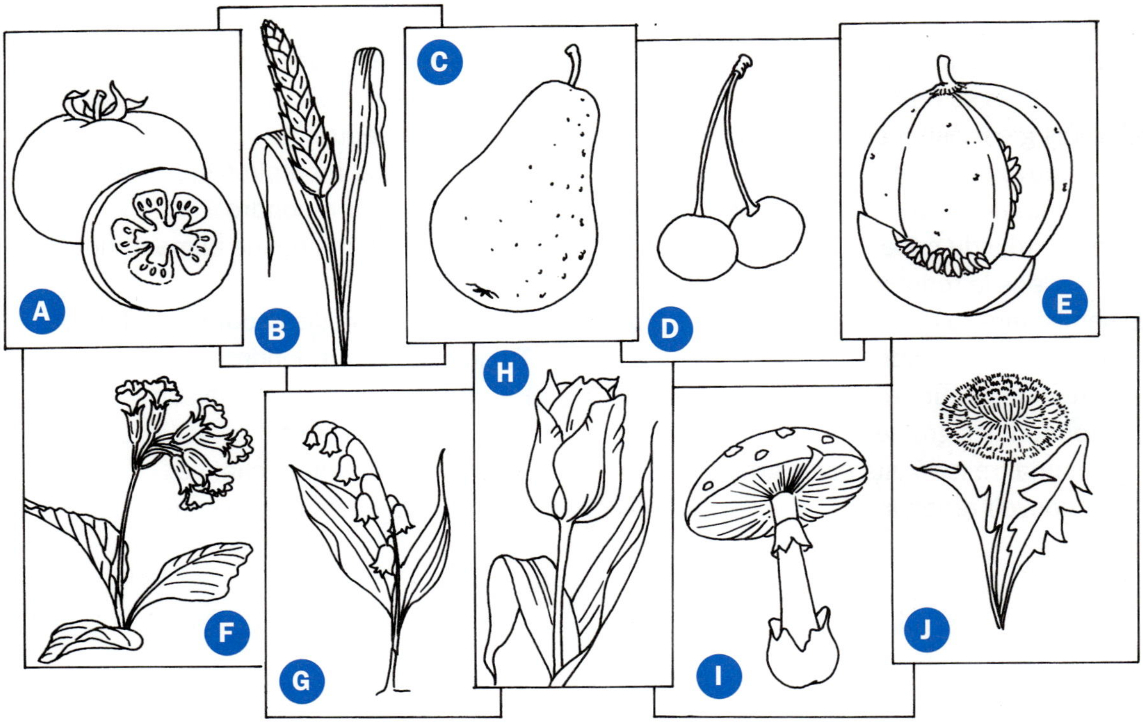

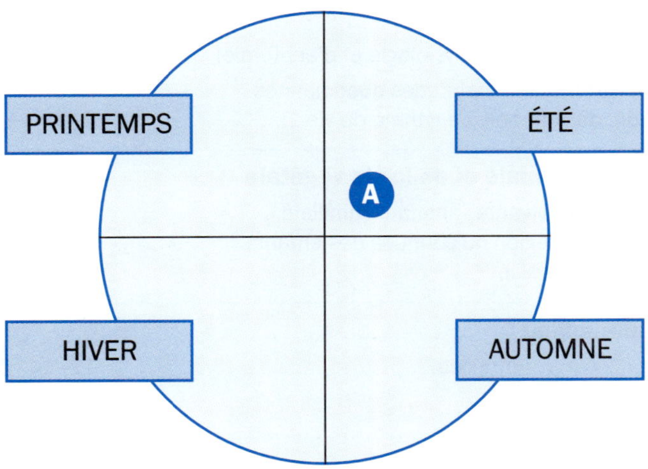

J'ai découvert

L'activité des êtres vivants, animaux et végétaux, dépend étroitement des saisons. À l'automne, les jours raccourcissent, et il fait moins chaud. Le printemps marque la reprise d'une vie active après la vie ralentie de l'hiver.

Mots importants

- *saison*
- *condition de vie*
- *vie ralentie*

Sommaire

Programme du cycle 2 (B.O.E.N. n° 5, 9 mars 1995)	**Cahier CP**	**Cahier CE1**
Le corps de l'enfant et l'éducation à la santé		
• Le corps de l'enfant (notions simples de physiologie et d'anatomie).	2-6-8	40
• Importance des règles de vie : hygiène (habitudes quotidiennes de propreté, d'alimentation, de sommeil, de rythme de vie...).	4-9	38
Les manifestations de la vie animale et de la vie végétale		
• Les animaux et les végétaux sont vivants : animaux familiers, élevages ; plantes typiques de la région ou connues des enfants (jardin de l'école, cultures en classe...).	6-10-14 15-16-18 20-22	8-12-14-16 20-22-24-28 30-32-34
Les êtres vivants dans leur milieu		
• Les animaux et les végétaux dans leur milieu.	12-14-24 26-28-30	2-4-6-44
• Modification des milieux selon les saisons.		47

RÉFÉRENCES PHOTOGRAPHIQUES

p. 2, 17 et 21 : 4 Ph. Jeanbor © Archives Photeb / T.
p. 8 : Ph. © Solveig / Campagne, Campagne.
p. 14 : Ph. © H. Chaumeton – Nature / T.

Imprimé en France par I.M.E. – 25110 Baume-les-Dames
Dépôt légal 1ᵉ édition : 3ᵉ trimestre 1996
Dépôt légal : août 1997
N° imprimeur : 17793